最新版

リスクと闘う不動産投資

〜あらゆるリスクを恐れない、強い大家になる方法！〜

脇田雄太

まえがき

「不動産投資を始めて、お金に困らない人生を手に入れたい」
「先輩投資家のように、家賃収入でセミリタイヤして自由に生きていきたい」
そんな夢を持って不動産投資にチャレンジしたのに、結果的に大切な財産を失う人がいます。

高額なローンを組んで買ったアパートが埋まらず、破綻の恐怖から、早々に損切したサラリーマン。なけなしの貯金を使って区分マンションを買ったものの、ほとんど手元にお金が残らず、後悔しているOL・・・。

そんな話を聞くたびに、私はとても悲しい気持ちになります。

幸い、私は不動産投資を始めて3年で、ある程度の資産と「安定的にお金が入る仕組み」を築くことができたため、セミリタイヤを果たしました。

自分の周りでも、不動産からの収入を得て幸せになった人が多くいます。

しかし、失敗する人がいることからもわかるように、不動産投資を行うときには、注意しなければならない点があります。

それは、不動産投資を行うなら、「不動産投資の良い面だけではなく、リスクについてもしっかりと考える必要がある」ということです。

まえがき

空室率のアップや家賃の下落、入居者とのトラブルといった、アパート経営そのものに関するリスクはもちろん、金利上昇やリフォーム・建築費の上昇といった経済動向に関連するリスク、台風、地震などの自然リスクまで、気を付けなければいけない点は、数多く存在します。

人は誰でも、「簡単に儲かる」「不労所得」など、耳障りのいいことばかり、気を取られます。しかし、本当に大切なのは、その反対です。リスクを理解し、対策を知ることで、不動産投資で成功できる可能性は一気にアップします。

一口に不動産投資といっても様々なやり方がある中で、本書では「融資に頼らずに安価な物件を現金で買い、確実に賃料収入を得ていく」という、私が考える中で、最も効率よくお金を増やしていけるやり方を具体的にお伝えします。この投資手法であれば、大きな失敗さえしなければ、何棟でも物件を増やし続けることが可能です。

この本は、「失敗しない」ことに重点を置き、私がトライ&エラーを積み重ねて会得した不動産投資の数多くのノウハウを詰め込みました。

本書が、一人でも多くの方の幸せな人生に貢献できれば、嬉しく思います。

脇田雄太

※本書は2013年に同社より刊行された同名タイトルの内容に最新情報を加筆、情報の修正、再編集をおこなったものです。

第2章　購入時の迷いと闘う
～ボロ物件のリスクⅠ～

第3章 購入時の修繕と闘う
～ボロ物件のリスクⅡ～

第4章 物件の陳腐化と闘う ～ボロ物件のリスクⅢ～

第5章 競合物件と闘う
～低価格で物件をリファイン（バリューアップ）する～

第6章 空室と闘う
～常時「選ばれる」仕組みをつくる～

新章
ますます増えたリスクと闘う！
〜激変した2013年〜2017年の大家業界〜

改定前の本書の出版時期は２０１３年11月でした。

当時はまだ東日本大震災の爪痕も深く、大家業界のリスクヘッジといえば、関連したリフォームや空室対策がもっぱらの話題でした。

あれから4年、震災エリアの復旧も進み、経済も大きく上向きとなりましたが、時代によりまた新たなリスクが生まれ、深刻な問題となっています。

そこで、新しく生まれ変わった本書の冒頭は、前著にないリスクや少し状況が変わってきたリスクについて、お話していきたいと思います。

1 厳しい市況の中で実質利回り20％を叩き出す不動産投資法

ここ数年は、多くの不動産投資家にとって、物件の取得が難しい年だったと思います。

特に、首都圏をはじめとした全国の主要都市の中古一棟ＲＣマンションや、東京都内の

【全国：登録物件　投資利回り・価格の推移】

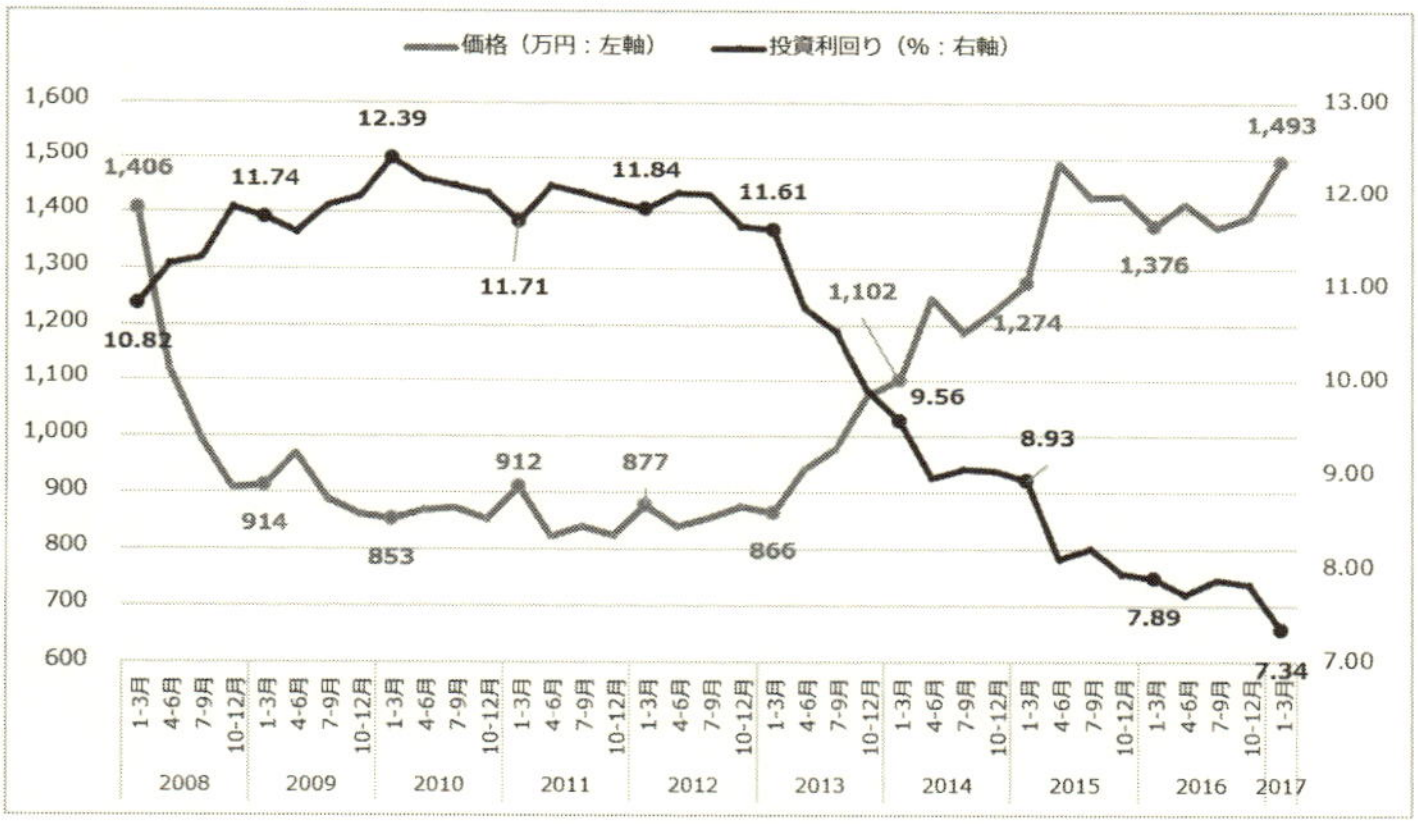

過去10年の物件価格と利回りの関係

区分マンションは、需要が供給を上回る状態となり、物件価格が上昇しました。

次のグラフは不動産投資の情報サイト「健美家」に登録された物件の価格と利回りの推移を示したものです。2013年以降、価格が上がり、利回りが下がっている様子が見てとれます。

そのため、多くのベテラン投資家は、売却に回るか、様子見をするというスタンスをとっていたようです。

しかし、そんな市場においても、積極的に物件を買っている人は、少なからず存在します。

代表的なのは、業者に勧められるままに、利益の薄い物件を長期の融資を引いて購入し、ギリギリキャッシュフローがプラスになるような買い方をしている初心者です。

（私から見たら）買うに値しないような高額の物件を多額の融資を受けて購入する人たちが、今後、どうなっていくのか・・・。とても心配です。

私はこれまでに何度も、不動産投資の最大のリスクは、「無知」と「コスト（高値で買うこと）」であると述べてきました。

そういう意味で、この数年の間に高値で物件を取得した人たちは、買った瞬間から大きなリスクを抱えているように感じます。

彼らに共通するのは、「収益物件を買ったこと」「家賃収入が入ってくること」ですでに成功を手にしたと考えている点です。

しかし、本当に重要なのは、「買ってから、いくらお金が残るか」ということです。

例えば平凡な利回りのＲＣ物件は、ローンや税金や維持費を引くと、入ってくるお金の２％程度しか最終的には自分のものになりません。

借金をして１億円の物件を買っても、手残りは２００万円ということです。

想定外の修繕費がかかったり、空室が長引いたりすれば、収支は厳しくなり、ローンの支払いに窮することになります。実際に、そのような物件が競売市場に出始めています。

また、中古物件の価格が上がっているため、最初から新築アパートを購入する人たちも増えています。

皆さん、新築は埋まりやすいというイメージを持っていますし、メーカーも入居付けに有利なことを売りに販売するのですが、実際はそんなに甘いものではありません。

ニュースなどで話題になったのでご存知の方も多いと思いますが、節税対策として建てられたアパートが全国で急増しており、地域によっては、建ててから1年間もまったく埋まらないといったところもあります。

サブリースの言葉を信じて契約したのに、途中で反故にされたという人たちが起こす、アパートメーカーを相手どった集団訴訟も増えています。

その人たちは、「不動産投資なんてやらなければよかった」と後悔しているはずです。

一方、そんな〝何も考えなければ簡単に失敗してしまう厳しい市場〟の中でも、私が実践している長崎のボロ物件投資は、相変わらず順調です。

私も私の周りの投資家も、以前と変わらず、実利で20％以上の物件を購入し、高稼働率で運営することができています。

簡単に説明すると、私はもう10年近く、長崎の築古戸建やアパートを再生して賃貸するという事業を続けています。

長崎というと田舎のイメージで、賃貸業には向かないと思う方も多いでしょう。

しかし、長崎市は平地が少ないために、物件を建てられる場所が限定されており、新規の集合住宅の供給が限定されているという特性があります。

また、東京のファンドや投資家がここまではやってこないため、ライバルが少なく、安い物件を買いやすいのも特徴です。

もちろん、長崎市内のすべての場所が、賃貸業に適したエリアであるわけではありませんが、路面電車のエリア内であればだいたい賃貸業に適したエリアだと考えて差しつかえありません。

その証拠に、不動産投資家の中には、最初は地方のボロ物件から始めて、次第に都会の築浅物件や新築物件にシフトしていく方もいますが、私はこのやり方をずっと続けています。

なぜなら、私はこのやり方が、数ある不動産投資の手法の中で最もリスクが低く、お金を残せる方法であると感じているからです。

脇田だからできた、というわけではありません。私の著書を読んだ初心者の方で、現在、長崎に物件を持ち、資産を順調に増やしている方は多くいます。

今のような時代でも、不動産投資で小金持ちになることは、十分に可能なのです。

2 Q&A　投資家の皆さんからのよくある質問にお答えします

ここからは、私が最近、投資家の方から質問された内容と、その回答を紹介します。不動産投資の様々なリスクに打ち勝つための参考にしてください。

Q1、人口の減っている地方での不動産投資はリスクが大きいのでは？
回答：長期的な人口動態よりも、何年で投資金額を回収できるかが重要です

不動産投資を始めようとする皆さんが気にするのが、その地域の人口動態です。それは当然のことともいえますが、私から見れば、何の意味もありません。

なぜなら、私が実践している長崎のボロ物件投資は、通常でも約5年で投資金額が回収できるので、人口動態の影響を受けるより早く、収支がプラスになるからです。

また、古くても中は新築のように住みやすく直すため、その地域の同じような家賃帯の物件と競争したときに、勝ち残ることも難しくありません。極端な話、人口が半分になっても、賃貸物件の中で上位半分に入っていれば、満室稼働を続けることは可能なのです。

また、ボロ物件は金額が小さいので、その時の融資情勢に関係なく、買いたいという人が多くいます。投資資金を回収した後で相場並みの価格で売却に出せば、キャピタルゲインを得ながら手放せるのです。

そういう意味で、人口減のリスクに対しては、十分に対応できる手法といえます。

人口減の中で問題になるのは、20年、30年といった長期ローンを組んで買った物件が、空室が増えて儲からないのに、売るに売れない状況になることでしょう。

現金買いのボロ物件と違い、そのときの融資情勢により、価格が大きく左右される大型物件は、耐用年数が十分に残っている物を除くと、いくらで売却できるかの見込みがたちにくいといえます。

また、都会の方が入居率が高いというのも、単なるイメージでしかありません。もう何

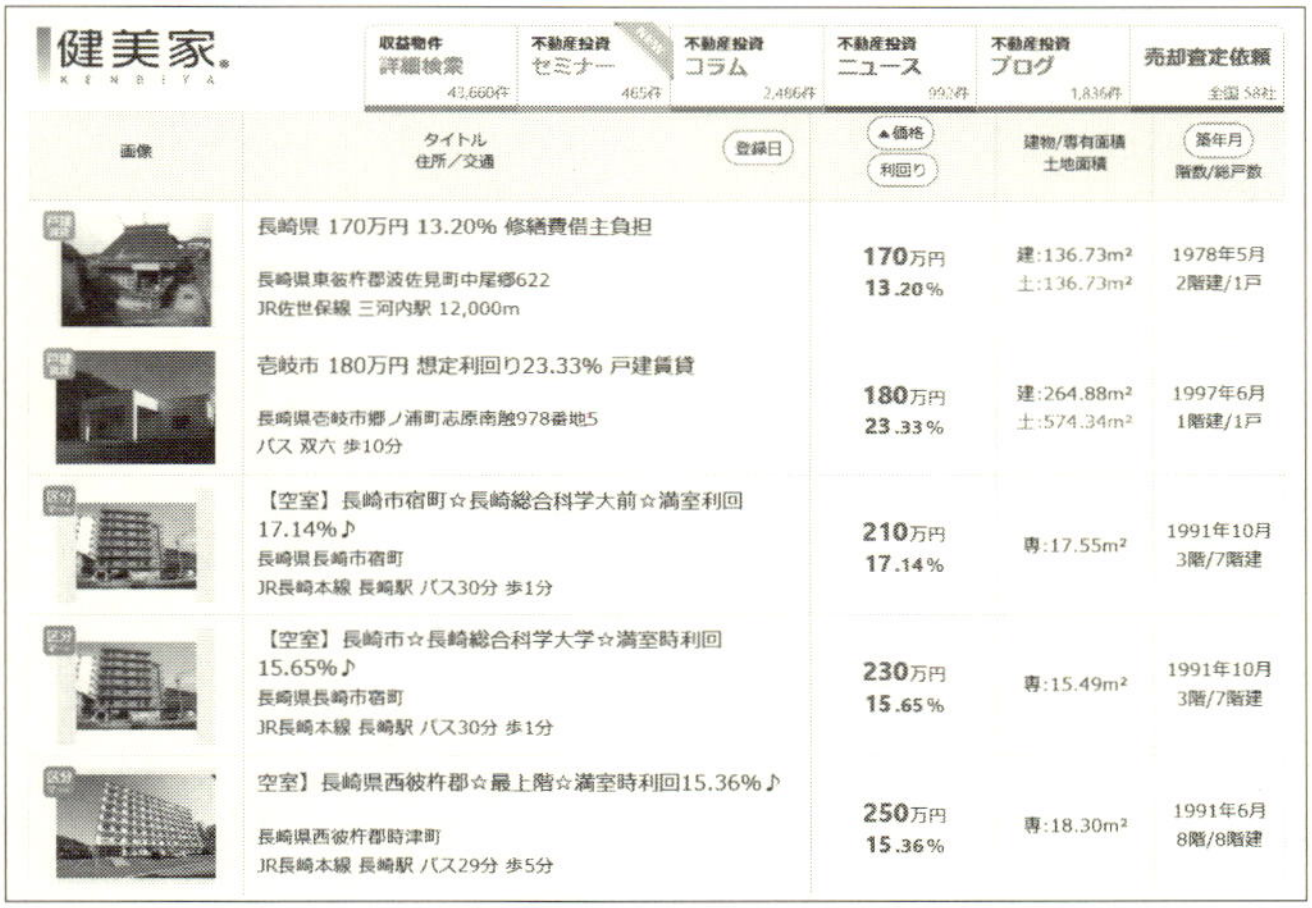

画像	タイトル 住所／交通	登録日	▲価格 利回り	建物／専有面積 土地面積	築年月 階数／総戸数
	長崎県 170万円 13.20% 修繕費借主負担　長崎県東彼杵郡波佐見町中尾郷622　JR佐世保線 三河内駅 12,000m		170万円 13.20%	建:136.73m² 土:136.73m²	1978年5月 2階建/1戸
	壱岐市 180万円 想定利回り23.33% 戸建賃貸　長崎県壱岐市郷ノ浦町志原南触978番地5　バス 双六 歩10分		180万円 23.33%	建:264.88m² 土:574.34m²	1997年6月 1階建/1戸
	【空室】長崎市宿町☆長崎総合科学大前☆満室利回 17.14%♪　長崎県長崎市宿町　JR長崎本線 長崎駅 バス30分 歩1分		210万円 17.14%	専:17.55m²	1991年10月 3階/7階建
	【空室】長崎☆長崎総合科学大学☆満室時利回 15.65%♪　長崎県長崎市宿町　JR長崎本線 長崎駅 バス30分 歩1分		230万円 15.65%	専:15.49m²	1991年10月 3階/7階建
	空室】長崎県西彼杵郡☆最上階☆満室時利回15.36%♪　長崎県西彼杵郡時津町　JR長崎本線 長崎駅 バス29分 歩5分		250万円 15.36%	専:18.30m²	1991年6月 8階/8階建

「健美家」での物件検索例

年も前から、福岡や札幌、横浜といった大都市で、空室率が上がり問題になっています。都会は人口が多いけれど、融資が付きやすく、供給も多いために、部屋余りになりやすいのです。

人口は多くないけれど、供給はもっと少ないエリアを選ぶことで、地方でも、都会以上に安心して賃貸経営をすることが可能です。

Q2、格安な物件を見つける方法を教えてください

回答：基本はネットですが、直接アプローチをかけることもあります

物件の探し方は、ネット検索が基本です。

例えば、先ほどの「健美家」で長崎県内の物件を安い順に検索して、価格の安い順に並べて検討する、などが私のやり方のひとつです。

ネット検索で気になる物件があれば遠くても現地まで行き、担当者に自己紹介をして、「ボロくてもいいので安い物件を探しています」とお願いすることで次につなげます。

もちろん、見に行った物件が気に入れば、買い付けを入れますが、その時に、売値に関係なく、リフォーム後の利回りで自分の納得

のいく水準になるように指値を入れるのがポイントです。

このあたりのことは本書や過去の著書でも紹介しているので、参考にしてください。

最近、新しく始めた物件の探し方・買い方があります。

町を歩いていて、古いアパートや貸家があったら、掲示されている管理会社の看板にある連絡先にその場で電話をして、「○○町の○○という物件の前にいます。売主さんが売る

意思があれば購入を検討したいんですが」と伝えるのです。

キレイで埋まっている物件ではなく、ボロくて空室があり、売主さんがあまり賃貸経営に意欲がないんだろうなという物件を選びます。

今年はひとつ、こうした取り組みがきっかけでボロボロの戸建を1棟5千円で譲っていただくことに成功しました。写真の通り壁面緑化されていますが土地所有権付きの戸建がわずか5千円で取得できたのです。空振りのことも多いですが、やってみる価値はあると思います。

Q3、不動産会社から物件を紹介してもらうためにしている工夫があれば教えてください
回答：相手との会話をメモするなど、人間関係を深める努力をしています

物件探しはネットが基本と書きましたが、何度か物件を見に行くうちに、不動産会社の営業マンと親しくなると、そこから直接、情報をもらえるようになります。最近は、このルートで物件を買うことがほとんどです。

情報はお金と一緒です。ですから私は、相手から見て、「次にいい物件情報があれば、この人に一番に紹介してあげよう」と思ってもらえるよう、出来る限りのことをしています。

一例をあげると、一度会った人と次に会った時に会話が続くよう、話したことはすべてメモして、次に会うときにはそれを見直してから出かけます。

例えば前回、「子供がもうすぐ生まれるんです」と話していた人には、「お子さん、生まれましたか？」と言ってお祝いを渡すのです。そういうところから人間関係の絆が強まり、物件情報をもらえることになったりします。

他にも、内覧のお礼としてガソリン代を渡したり、時間があれば食事をごちそうしたりすることもあります。

長崎には200以上の不動産会社があり、積極的に物件を売っている会社はそのうちの半分くらいだと思います。

私はその中の約70店舗の営業マンとお付き合いがあり、物件の紹介や空室の客付けをお願いしています。

もちろん、どの営業マンも大事ですが、特に大事にしているのが、近い将来、独立を希望している若い不動産営業マンです。

彼らは、独立後にもお付き合いできる投資家とつながっておきたいという気持ちがあるため、こちらのニーズと思惑が合うのです。

安い物件を欲しい投資家は多くいます。その中で一番に情報をもらうには、「お金を払う方が偉い」という意識は捨てて、「物件情報を私に流してくれてありがとうございます」という感謝と、相手をもてなす気持ちを持つことが大切です。

Q4、2017年の4月以降、融資が出にくくなったといわれますが、その影響は？
回答：現金買いが基本ですので、金融機関の動向に関係なく買い進められています

不動産投資というと、融資を使うものという思い込みを持っている方がいます。

確かに、「金持ち父さん・貧乏父さん」などを見ると、不動産投資のメリットは「レバレッジを効かせられること」と書かれていますし、レバレッジにはうまく使えば短期間で資産を増やすパワーがあることは否定しません。

しかし、私はそんな中でもあえて、現金買いをすすめています。

現金買いはローン破綻のリスクがない分、「資産が寝てしまう」というデメリットがあります。しかし、私のやり方なら、投入資金を短期間で回収することが可能なので、資産は寝るどころか、すぐに大きく育ちます。

もっと早く資金を増やしたいなら、格安で買ったボロ物件をリフォームして入居者を入れてから、相場並みで売却するという手法を繰り返すという方法があります。

それでも融資を使いたいという人は、日本政策金融公庫の事業資金を使うか、なんとか現金を用意して物件を買った後に、同じく日本政策金融公庫のリフォームローンを多めに引くことで、手元資金をキープすることができます。


一度、「不動産投資は融資を使うもの」という思い込みを捨ててみてください。

多くの投資家が、「融資を活用すべき」と思っている今だからこそ、その逆をいく現金買いを行う人だけが得られるメリットが見えてくるはずです。

Q5、リフォームを職人さんにお願いするメリットと、注意点を教えてください
回答：個性的な方も多いので紹介が安心です

ボロ戸建投資というと、できるだけ低コストで最低限の修繕をして賃貸に出すという手法が主流です。私も最初の頃はそのやり方を実践していたのですが、ここ数年は、方針を変えました。

最初のリフォーム代をケチると、後でまた修繕が必要になり、結局はお金がかかること

がわかったため、今は最初の段階でしっかりと予算をとり、設備も最新のものに入れ替え、内装についてはほぼ新築のような状態にまで直しています。

しかし、しっかりと予算をとるといっても、無駄なコストを支払うわけにはいきません。そこで何をしているかというと、工務店や不動産会社に頼むのではなく、職人さんに直接発注して、1日いくらという日当で働いてもらっています。（長崎では大工さんで一日1万5千円が相場です）。

私の経験からいうと、職人さんに直接発注すると、工務店に丸投げする半分以下のコストで収まることがほとんどです。

職人さんとの出会い方ですが、紹介がおすすめです。私も不動産会社の営業マンや、水道屋さん等に、「日当で働いてくださる職人さんの知り合いはいませんか？」とお願いして、紹介してもらうことがほとんどです。

過去には電話帳を見て電話をしたり、工事現場に停車しているトラックの電話番号をメモしてかけてみたり、色々な方法を試しましたが、職人さんには個性的な方も多いので、いきなり仕事を頼むのは不安になることもありました。

投資家の仲間に、いい職人さんがいれば紹介してとお願いしてみるのもいいと思います。

ただし、ある程度大きな工事を複数の職人さんに依頼して実施していくためには、監督として現場を自分自身で仕切る能力が必要になってきます。

最初はトイレ工事だけとか、キッチンの交換だけとか、小さな工事から始めてみて、職人さんとの付き合い方を学んでみるといいと思います。

Q6、職人さんと仕事をする上での注意点を教えてください
回答：基本は性善説でOKですが、チェックの体制もしっかりと作りましょう

工事は一日で終わるものより、複数日にまたがるものの方が中心です。

私はリフォームの現場に毎日行くことはできないため、職人さんが何日、現場で働いたのかをチェックするすべがありません。かといって、監視カメラをつけるわけにもいかないので、これまでは自己申告してもらっていました。

信頼している職人さんたちなので、性善説で問題はないと思っていたのです。

しかし、ある時、本当は半日しか働いていないのに、丸一日分（8時間）請求した人がいたことがわかったため、現在は現場にカレンダーを置いて、毎日、一人ひとりが何時から何時まで働いたかを記録してもらうことにしました。

他の人の目もあるため、さすがに嘘を書く人はおらず、それ以来、同じ問題は起きていません。

また、今年、こんな事件が起きました。

複数の職人さんが働くリノベーションの工事現場で、リーダー格だったAさんが、他の職人さんに対して、「脇田さんが皆の日当を1万2千円に下げると言っていた。俺が1万3千円にしてもらえるよう代表として脇田さんと話してくるから、俺にみんなの日当を一任してくれないか」と提案したのです。

怪しく思った一人が私に、「脇田さん、Aさんがこんなことを言っていたんですが本当ですか？」と訊いてきたため、Aさんの嘘が発覚しました。

Aさんは私から職人さんたちに支払う1万5千円から、2千円をピンハネして、自分の懐に収めようとしていたのです。

この件が発覚して、Aさんには辞めてもらいました。Aさんは不動産会社の知人の紹介で仕事をお願いした人で、現場に行くと一人だけ休憩していることがよくあったので、少し不安だったのですが、予感が的中してしまいました。

職人さんの紹介で入ってくる方はこういうことがありません。（職人さんは、さぼる人や不誠実な人と一緒に働きたくないため）。今はできるだけ、職人さん同士のネットワークの中から一緒に働いてくれる人を探すようにしています。

Q7、いつも同じ職人さんに発注していたら、値段が上がってきたような気がします・・・

回答：ときどきセカンドオピニオンをとって、緊張感を保つようにしましょう

いつも同じ職人さんに発注すると、どうしてもなれ合いになることがあります。

ですから、時々、別の方にこの工事だと、何日くらいかかりそうかの見積もりを出してもらい、いつもお願いしている方が必要以上に長い工事期日を設定していないかを確認するようにしています。

この時の注意点としては、同じような工事でも、どの程度手をかけるかで内容が変わってくるので、比較する時は、その点もしっかりと理解しておくことです。

「この方は、10日でできると言っています。なぜ、あなたは15日かかるのですか？」と訊いた時に、理路整然と説明できるようなら、問題はありません。

相手に失礼にならないよう、でも、なれ合いにもならないよう、丁度良い緊張感を保つよう心掛けてみてください。

Q8、物件が増えて忙しくなりすぎました。何か対策を教えてください
回答：人を雇うことを考えてみましょう

私は普段は大阪に住んでいて、物件は長崎市内にあるため、リフォームのチェックや入居付けなどが、タイムリーに行えないことがありました。

そこで、長崎で人を雇い、常に現場で何かあったときに対応できる体制を作りました。

今、20~30代の男性を3人、雇用しています。

一人目は、畳を大量に捨てるときに日雇いのアルバイトに来てくれたY君です。働きぶ

りがいいのでスカウトして、リフォームの現場で現場監督のような仕事をお願いしています。

二人目は、Y君の友人のK君です。「もう一人雇いたいんだ」という話をY君にしたら、「いい人がいます」とその日のうちに紹介してくれました。今ではY君と一緒にリフォームの仕事を手伝ってくれています。

3人目はO君といって、Y君やK君とは違い、管理部門をお願いしています。私は自分の物件の管理を管理会社にお願いしていないので、このO君が一人で私の物件を管理してくれていることになります。

管理の仕事はシンプルですが、やることが多く、時間がとられます。例えば、空室が出たら部屋をモデルルーム化して、マイソクを作り、長崎市内の複数の不動産会社に入居者募集のお願いをする、というような仕事です。

最初は少しずつ、単発の仕事をお願いして、今では不動産会社からのメールの対応までお願いしています。

メールは間違いがあっては困るので、送る前に文面をPDFにしてサーバーに入れておいてもらい、私が一度チェックをして（赤字を入れて）戻したものを、送ってもらうようにしています。

彼らは全員、大家ではありませんし、不動産業に精通していたわけでもありません。しかし、勘がよく、仕事ぶりもマジメで、すぐに仕事を覚えてくれました。今では私は必要な時に指示を出すだけで、自由な時間が以前に比べてかなり増えました。

長崎は給料が低いので、20代なら手取りで25万円くらい支払えば、一生懸命に働いてくれます。

人を雇うと固定費が増えると、敬遠する人がいますが、私はそれでも雇ってよかったと思っています。

いい人に入ってもらえば、給料が安く感じるくらい、仕事が効率よく進みます。

賃料収入が増えても、いつも忙しくて、電話やメールの対応に振り回されていたり、疲れていたりするようでは、意味がありません。

不動産投資に関する仕事がストレスになっている人は、まずは一人、アルバイトを雇ってみるところから始めてみるといいと思います。

第１章
投資手法の迷いと闘う
～リスクのない不動産投資なんてない～

1 投資手法は十人十色

不動産投資という言葉を聞いて、皆さんはどのような内容をイメージするでしょうか？その答えは、きっと人それぞれだと思いますが、具体的にいうと、例えば、次のようなものが考えられるのではないでしょうか。

①築15年のＲＣ一棟マンション。フルローンがついて表面利回り10％以上
②築13年の鉄骨造アパート。頭金を３割入れて、相場より１割低い価格で任意売却物件を購入
③土地値二束三文・木造築40年のボロアパート。資産価値はなくても毎月確実な賃料収入が見込める。利回りは実利で30％以上
④大都市のブランド立地だが利回り５％程度の新築もしくは築浅物件。利回りは低くても35年後にその土地と建物が自分のものになれば良い

冒頭からなぜこんな話をしたかというと、一言で「不動産投資」といっても、そこには様々な手法が存在し、投資を行う際に必要なコストや労力、得られる家賃の額、土地・建物の価値など、すべてがまったく異なるということをお伝えしたかったからです。どのやり方が正解かは、投資する人の背景や目的によって、変わってきます。

「そんな当たり前のことをわざわざ説明してもらわなくてもけっこうです」

お叱りの声も聞こえてきそうですが、今後不動産投資を始める方にとっては、色々な不動産投資の方法があることを知っておくことは、とても重要ですので、あえて書かせていただきました。

1 自分の投資手法は自分で決める ～あえて、ローンを使わないという選択～

様々な不動産投資のパターンを知った上で、「自分はどのような方法・戦略で物件購入を進めていくのか？」を考えて決定しておくことは、不動産投資を通じて目標を叶えるためには欠かせません。

私の場合、先程の例にあった①のフルローン投資と、③のボロ物件投資を組み合わせた投資手法を選択しました。ちなみに利回りは、①のフルローン投資が表面で15％以上、③のボロ物件投資は実利で30％以上です。

詳細は後述しますが、なぜこの二つを組み合わせる手法を選んだかといえば、相反する二つのやり方を組み合わせることで、それぞれのメリットを享受しながら、デメリットを補い合うことが可能になるからです。

フルローン投資とボロ物件投資のメリットとデメリットとは、次のようなものです。

■フルローン投資

メリット　：ローンの力でスピーディに規模を拡大できる

デメリット：空室の増加などにより、ローンが払えなくなって破綻する恐れがある
　　　　　　大規模修繕に多額のコストが掛かる

■ボロ物件投資

メリット　：安価なものが多く、現金で購入すればローンのプレッシャーがない

デメリット：拡大のスピードが遅い
　　　　　　最初のリフォームなどに手間がかかることが多い

具体的には、私は最初の1棟目として、約9000万円のRC一棟マンションをフルローンで購入しました。

まずは、ローンの力で規模を拡大する道を選択したのです。

おかげで、自己資金をほとんど使わずに、スタートしてすぐに月額100万円を超える賃料収入を得られるようになりました。

このフルローンを活用して物件を購入していく手法は、一見素晴らしいスキームのようにも感じられました。

しかし、私は、2棟目以降もローンを使って規模を拡大していく方法は選びませんでした。

ではどうしたかといえば、現金で地方のボロ物件を少しずつ買い増しする手法に切り替えたのです。

そのため、私の所有物件は、フルローンで買った大きなRCマンション一棟と、現金で買った小額のアパートや戸建てが複数というポートフォリオになっています。

1棟目を購入し終わった後でも、自己資金がまだ数千万円残っていましたので、2棟目以降もローンでどんどん規模を拡大していくことも可能でした。

しかし、「1棟目でいきなり9000万円」という自分の背負った借金の額を冷静に見つめた時、「できればこれ以上の借金はしたくない」という考えが私の中に芽生えました。理屈ではなく、心がそう思ったのです。私は、自分の心に従うことにしました。

そのため、次からは360度ガラッと方針を変え、現金で買う方法にシフトしたのです。現金で購入したアパートや戸建ての賃料を積み上げていけば、万が一、1棟目が全室空室になってしまっても、2棟目以降の賃料で1棟目のローンを返済することができます。

そういう意味で、フルローンと現金買いのハイブリッド方式は、ローンを重ねて規模を拡大していくより安全であり、ストレスなく不動産投資を続けたい自分にはぴったりであると感じました。

2 投資手法の選択は計画的に行う

繰り返しになりますが、私は、不動産投資を進める人にとって最も大切なことは、「自分の投資スタイルを予め決定しておく」ことだと考えています。

それにより、準備すべきことが変わってくるからです。

例えば、私と同じように、フルローンで買える大きな一棟マンションと、現金で買える高利回りのボロ物件を買い進めていくとしましょう。

そのとき、先にボロ物件を買ってしまうと、フルローン物件に進むのは難しくなってしまいます。

なぜなら、フルローンもしくはそれに近い割合の融資を受けたいなら、ある程度の自己資金を用意しておく必要があるからです。

フルローンというと、自己資金がなくても借りられると誤解をしている方も多いようですが、不動産購入には物件価格以外にも、手数料等で1割くらいのお金がかかります。

また、金融機関の融資審査の際にも、実際にはそれを使うか使わないかは別として、現金を持っていることは非常に重視されます。

つまり、現金が多いほど融資を受ける際には有利であり、逆に、手持ちのお金が少なければ、それだけ不利になるということです。

ということは、フルローン投資を行いたいのであれば、先に現金を使ってしまうボロ物件投資を行うことは避けたほうが無難なのです。

ボロ物件投資はフルローンで融資を受けた後、そこから得られるキャッシュで好きなだけ行えばよいのです。

要はどういう順序で投資を行うのか？　ということが重要なのです。

それを事前に考え、順序立てて買い進めていかないと、資産を増やすスピードが大きく変わってきてしまいます。

本気で資産を増やすなら、「とりあえず1棟欲しい」というような短期的な目標ではなく、5年後、10年後を見据えて、どんなものをどんな順番で買っていくかを、きちんと計画することが大切です。

そのためには、早くから不動産投資を始めて資産を増やしている人たちの買い進め方を（失敗談も含めて）参考にするといいでしょう。

2 リスクがない不動産投資など存在しない

1 最大のリスクは無知とコスト

不動産投資を行う上での最大のリスクは2つあると思います。
一つは「無知」であること、もうひとつは高すぎる「コスト」です。
例えば、不動産投資業界では、よく次のような話を聞きます。

ある地方に、大地主の方がいらっしゃいました。
その地主さんが、大手ハウスメーカーのすすめで、豪華な新築アパートを建設しました。コストをかけて、太陽光発電やオール電化など、最新の設備が導入された立派な仕様の建物を発注したため、一見しただけで素晴らしいとわかる豪華な建物が完成しました。

募集賃料がエリア内の相場より、やや高かったこともあり、入居率は7割程度と低調だったものの、ハウスメーカーの賃料補償で補填されていたため、特に問題を感じることはありませんでした。

しかし、新築後7年、10年と経過していくうちに、徐々に、建物の修繕費がかかるようになってきました。また、空室率が上昇してきたことから、ハウスメーカーの担当者から、「賃料補償の補償額を半年後から見直しさせてください。契約書にも、2年毎に改定すると記載されています」と通告がありました。

そして、従来1室あたり7万円だった補償賃料が、5万6千円に引き下げられてしまいました。

補償賃料が引き下げられたことで、賃料収入のほとんどがローンの支払いに消えるようになりました。新築時にお金をかけてつけた設備も、今では時代遅れになってしまっています。

このオーナーは、「新築時にコストをかけすぎたのが失敗だった。家賃に合った適正な設備のみを導入し、コスト削減を徹底していれば、こんなに支払の負担が増えることもなかったのに」と後悔しましたが、後の祭りでした。

これは極端な例ではなく、日本全国どこでも当たり前のように発生している事例です。私の知人の例ですが、新築当初3万8千円だった補償賃料が、新築後10年の段階で8千円に引き下げられてしまいました。

これは誤植ではなく、本当に3万円引き下げられて、8千円になってしまったのです。この知人も、銀行でお金を借りて、コストをかけた立派なアパートを建てていました。そのため、家賃が下がってからは、毎月の収支はマイナスとなり、「なんのためのアパート経営かわからない」と嘆いていました。

彼らは、賃料補償についての知識がなかったために、あとで後悔する羽目になりました。そういう意味で、無知は非常に大きなリスクといえます。

また、それ以前の問題として、建物にコストをかけすぎていなければ、賃料補償がいくら下がっても、収支はマイナスにはならなかったということがあります。

極端な話、安い物件を現金で買っていれば、どんなに収入が減っても、支払いに窮することはないのです。つまり、コストは、不動産投資を行う上で、非常に大きなリスクであり、コストを抑えることが、失敗を防ぐことにつながるのです。

[2] ほとんどのリスクは取得価格の低さでカバーできる

賃貸物件の運営は事業です。そして、事業である以上、適切なコスト管理は欠かせません。なぜこのような当たり前のことをいうかというと、投資家として、一度かけてしまったコストは、必ず将来回収しなければならなくなるということをお伝えしたいからです。

例えば、先ほどの例で言えば、最初に太陽光発電やオール電化など、賃貸用としては過剰なコストが掛かる設備を導入してしまったがために、賃料を相場よりやや高めに設定せざるを得なくなりました。

もし、建物の建設時に適切なコスト管理を行い、ぎりぎり必要となる設備だけを導入していたら、将来、賃料補償の水準が引き下げられるようなことがあったとしても、最初にセーブしておいた資金が使えます。

そのお金で、新たな設備を導入したり、賃貸仲介さんへ支払う広告料を増額したりすることで入居率を高めるなど、具体的に事態を好転させることもできたはずです。

また、そもそも募集賃料が安いのですから、自然と入居率が高まり、賃料補償を必要とするような事態に陥らなかった可能性も充分にあるのです。

一般的に、新築物件はリスクが低いように見えます。しかし、それは過剰にコストをかけることで、「コストをかけること以外のリスク」を低く抑えているだけ、もしくは先送りにしているだけで、本当の意味では何のリスクヘッジにもなっていない場合が多いというのが私の考えです。

「せっかく物件を新築するのだから、誰に見せても恥ずかしくない立派な物件を建てよう」「せっかく所有している賃貸アパートをリフォームするのだから最新の設備を導入しよう」というような意識を持っていると、コストをかけすぎて失敗する原因になります。

ですから、オーナーは事業者として厳しすぎるくらいのコスト意識を持ち、不動産投資・賃貸経営に臨んでいくことが大切です。

それができない場合、投資家として成功することは難しいように、私は思います。

3 手間と利回りは比例する

1 実質利回り30%以上も夢ではないボロ物件投資

本書でこれからお伝えする内容のほとんどは、いわゆる「ボロ物件投資」についてです。

いま私がおこなっている投資手法がこれにあたります。

ボロ物件投資とは、主に地方部において、資産価値が低いアパートや戸建を現金で購入し、適切なリフォームを行った上で入居募集を行い賃料収入を得ていく投資手法です。

「地方部で物件を取得するなんてとんでもない」

「資産価値が低い物件をローンも使わず現金で購入するの？」

「古い物件のリフォームには相当なコストがかかるのでは？」

「新築物件でさえ、入居付けに苦労しているのに、築古物件で入居者は集まるの？」

そのような疑問を持つ人もいるでしょう。

しかし、私はそのすべての疑問に対して、理論的に反論することができます。

実際に、私は2008年から築30年を超えた築古の木造アパートや戸建を複数取得し、リフォームした上で入居者を募集してきましたが、2018年現在まで、ほぼ満室で運営してきました。

詳細は、私の1冊目と2冊目の著書でも詳しく述べていますが、その平均投資利回りは、物件価格にリフォーム代金や固定資産税、損害保険料、交通費等をプラスしても、実質30%を超える水準を確保しています。

実質30%の利回りということは、3年ちょっとで総投資額を回収できるということです。このような効率の良い投資は、ボロ物件投資を除いて他にはないのではないか？　と思います。

2 ボロ物件投資の目的は資産価値ではなく毎月のキャッシュフロー

よく、テレビコマーシャルや雑誌などで、「子や孫の代まで残せる資産価値」とか「安心して任せられる不動産投資」というような宣伝文句を目にすることがあります。

このような考え方を否定するつもりはありませんが、私が紹介するボロ物件投資は、このようなキーワードで語られる一般的な不動産投資とは少し異なります。というのも、ボロ物件投資で重視される事項は、土地や建物の資産価値ではないのです。

そうではなく、「安定したキャッシュフローを安価で構築する」ことが、ボロ物件投資の目的となります。

例えば、土地を購入して、アパートを新築する場合、一般的な不動産投資では、土地の資産価値は？　建物の価値は？　将来、建物が老朽化した場合の出口戦略は？　といったことを考えた上で、入居者さんが支払う毎月の家賃から少しずつ、物件のローンを返済し、20年後とか30年後に、その物件が自分のものになれば良いというような考え方をもとに投資活動を進めていくことが多いと思います。

それに対して、ボロ物件投資では、そもそも、土地は二束三文、建物はボロボロという状態ですから、物件の資産価値を主目的として投資を行うということはまずありません。

その代わり、目的とするのは、毎月のキャッシュフローです。要は、土地や建物を購入するのではなく、**お金が入ってくる仕組みを購入する**のです。

ボロ物件投資とは、お金が入ってくる仕組みをいかに低コストで構築できるか？　をつきつめた先で生まれた投資ともいえるでしょう。

ボロですから、リフォーム等の手間はかかります。しかし、手間のかからない不動産投資は、利回りも低くなるのが通常です。

手間と利回りが比例するのだとしたら、私は手間をかけて利回りを上げることを選びます。なぜなら、私が不動産投資を行う目的は、楽をすることではなく、お金を増やすことだからです。

3 コントロール可能な要素が多いボロ物件

ボロ物件投資の2つ目の特徴として、「自分でコントロール可能な要素が多い」投資であるということがいえます。

どういうことかというと、例えば、同じ投資でも株や不動産投資信託は、投資家が直接コントロールできる要素は、購入と売却のタイミングと金額くらいのものです。

株や不動産投資信託の例は少し極端ですが、同じ不動産投資ということで考えても、新築物件や融資が使えるような中古物件に投資する場合、長く運営していく上での制約は数多くあります。

例えば、賃料補償を付けることが融資の条件となっているケースはよく見られます。

私の1棟目の物件も賃料補償を付けることが融資の条件となっていたのですが、これがあることで、物件を満室で運営できても、収入全体の8割程度しか私の手元には残らない仕組みになっていました。

また、そもそも融資を受けることができるような資産価値がある物件ですから固定資産税の負担が重く、その分、積極的なリフォームを行いづらくなることもありました。


一方で、ボロ物件投資は、そもそも金融機関から融資を受けることが少ないので、投資家自身が必要だと判断しない限り、賃料補償をつけて不要なコストをかける必要はありません。また、物件の資産価値が低いので、固定資産税等の負担も低く抑えられます。

例えば、私が所有している物件で見てみると、1棟目のRCマンションは、月額100万円強の賃料に対して、固定資産税額は年間約100万円ですが、長崎に所有している1棟6室のアパートは、月額22万円の賃料に対して、固定資産税額は年間約5万円に過ぎません。

つまり、この方法は他の投資法と比べて、格段にイニシャル及びランニングコストを低く抑えられるというメリットがあるのです。

浮いた資金で物件の設備や仕様を充実させたり、賃貸仲介さんへの営業活動を厚くしたり、募集賃料や敷金・礼金などの設定を安く設定したりして、物件の競争力を強化していけば、ボロであることを十分にカバーしながら、スムーズに賃貸経営を行うことが可能になります。

1棟目に購入した大阪のりんくうマンション。
家賃月額100万円強に対して、固定資産税額は年額約100万円。

長崎に所有していたアパート。
家賃月額22万円に対して、固定資産税額は年間約5万円。

第２章
購入時の迷いと闘う
～ボロ物件のリスクⅠ～

1 全室空室

不動産投資を行うにあたり、「空室」という状態がいかに好ましくない状態であるかは、説明するまでもないと思います。

一般的には、空室の多い物件を好んで取得しようとする投資家は少ないはずです。特に、これから一棟目を取得しようとする場合は、「満室に近い物件を購入したい」と考えるのが普通でしょう。

しかし、私の考えは違います。

私なら、全室空室の誰も見向きもしないような物件を選んで購入します。全室空室ではない場合でも、なるべく空室の多い物件をわざわざ探します。

不動産投資においては、空室＝リスクです。それにもかかわらず、なぜ私がこのような物件を選ぶかというと、空室が多い方が取得価格を低く抑えられる可能性が高くなるからです。

先日、私の知人が九州地方のある街で、ワンルーム×10室のアパートを約１００万円で購入しました。

築40年近い物件ですが、複数の賃貸仲介さんが「適切なリフォームを行えば、1室あたり2万円台半ば〜後半で貸せる」といっているといいます。

売主様はご高齢で、売却理由は「全室空室のこの物件を所有していても、固定資産税や保険料がかかるだけなので早く処分してしまいたい」というものでした。

そのため、投売り同然の価格で売りに出たところを、その方が購入されたのです。

この物件を賃貸に出すためにどのくらいのリフォーム費用が必要になったのかはわかりませんが、物件の取得金額がワンルーム1室あたり10万円という超低価格ですので、リフォームに多少のお金がかかっても、十分に高い利回りが狙えるはずです。

また、私が数年前に購入した物件で、２K×5室で１５０万円というアパートがありました。

この物件は購入後、約２５０万円をかけて、共用部と全ての室内をリフォームし、その後は、1室あたり3万円強の家賃で満室が続いています。

実質利回りで約50％を達成できたため、総投資額はすぐに回収できました。


しかし、私のように全室空室の物件を低価格で購入しさえすれば、高利回りの素晴らしい投資が実現できるのかというと、そうではありません。

全室空室物件というリスクを適切にコントロールして、高利回りのお宝物件に変えていくためには、それ相応の考え方やノウハウが必要になってくるのです。

次からは、そのための具体的な方法をいくつか紹介したいと思います。

1 入居者を継続的に確保できるか？を事前に確認する

全室空室、もしくはそれに近いボロ物件が売りに出されているのを見つけたら、その物件の元付けの不動産会社さんへ「この物件は、賃貸需要のある物件でしょうか？」と率直に聞いてみましょう。

ただし、売り主側の不動産会社さんですから、物件を早く売るために、実際には賃貸需要が少なくても、「すぐに借り手が見つかりますよ」と「都合の良い」返事をする場合も考えられます。

ですので、同時に、同一エリア内の他の賃貸仲介さんへもヒアリングを行うことが大切です。

インターネット等で近隣のエイブルやアパマンショップさんの電話番号を調べ、「＊町の＊＊という物件の購入を検討している者なのですが、もしこの物件を購入した場合、そちらで入居者付けをお願いすることは可能ですか？　入居希望者さんはすぐに見つかりそうですか？」

という感じで、いくつかの店舗へ電話をかけるだけですから、短時間で調査は可能です。

2 想定賃料を事前に確認する

前述の電話で、想定賃料についてもヒアリングしてみると良いでしょう。

回答を得られた想定賃料の中で、「最低の金額の9割程度」を目安として考えるようにすれば、大きく外れることはないでしょう。

例えば、元付けの不動産会社さんが6万円、近隣のA仲介さんは5万円、B仲介さんは5万5千円と答えたような場合、最低金額である5万円の9割にあたる4万5千円を実際の想定賃料として考えればまず間違いはないということです。

不動産投資で失敗しないためには、このくらいの慎重さが求められるのです。

3 必要なリフォーム金額を事前に算出する

物件から得られる収入が判明したら、次に必要なのは、その物件を想定賃料で貸すためには、どの程度のリフォームを行えばよいか？　ということです。

これについても、電話で複数の賃貸仲介さんへ、「＊＊円で賃貸に出すためには、物件のリフォームはどの程度まで行えば良いでしょうか？」と聞いてみるといいでしょう。

この際のポイントは、床・壁・天井・水回りといった部位毎に、入居希望者さんが求めるであろう具体的な水準を確認しておくということです。

例えば、

「壁紙は全室貼り換える必要がありますか？　それとも繊維壁や土壁が残っていても問題ないですか？」

「一般的な白色のクロスで問題ないですか？　それともアクセントクロスを使用し、オシャレ感を演出した方が良いですか？」

「トイレに温水洗浄便座は必要ですか？　通常の洋式便器だけで良いですか？」

「浴室にサーモスタット付き混合水栓は必要ですか？」

「洗面台が旧式なのですが、シャンプードレッサーに入れ替える必要がありますか？」

「インターネット使い放題等のサービスは必要ですか？」


といった具合に一つずつ確認を取り、求められる設備水準を具体的にイメージできる状態にしておくことです。

そうすれば、その後、職人さんやリフォーム会社さんへ見積もりを依頼するだけで、リフォームにかかる必要コストを算出することが出来ます。

2 再建築不可物件

「再建築不可」という言葉を知っていますか？

再建築不可というのは、例えば、接道幅が2メートル未満であるなど、法律上の要件を満たしていないため、文字通り、将来的にその建物を建て替えることができない（リフォームは可能）という意味の言葉です。

こうした物件は全国的に数多く存在しており、ボロ物件投資を行う中で物件調査を行っていると、必ず出会うことになります。

普通に考えれば、「そもそも中古のボロ物件を取得するのに、将来的に建て替えを行うことが出来ない物件をわざわざ取得するなんてとんでもない」と思うかもしれませんが、私の考えは異なります。

再建築不可物件には、大きなメリットがあるからです。

長崎の戸建（奥）。接道幅2m未満のため再建築不可。
家賃は月額約4万円で、総投資額を既に回収済み。

1 ボロ物件投資を行う上での問題点はあまりない

まず、再建築不可物件は、同一条件の通常の物件と比較して、数割～半額以上売買価格が下がるケースが多くなります。

一方で、入居者募集を行う際に、入居希望者さんが「この物件は再建築不可だから入居するのを控えよう」とか「この物件は再建築不可なのだから家賃を下げてください」というようなことはほぼありえません。

つまり、投資用不動産を転売や資産価値の向上を目的とするのではなく、「毎月のキャッシュフローを得る」という目的で購入する場合、再建築不可であろうがなかろうが、実質的なリスクはほとんどないということです。

2 建て替えは出来ないが、リフォームは可能

再建築不可物件は、一度、更地にしてから同じ場所に新しく物件を新築することはできませんが、例えば木造の場合、柱を一本でも残しておけば、他の部分は実質的に新築してしまっても問題ありません。

朝日放送の「劇的ビフォーアフター」をご覧になったことがある方も多いと思いますが、あの番組で行われている工事（ほぼ一から新築したような大規模なリニューアル）でも、原則的にはリフォームの範疇に入りますので、賃貸経営を行う上で必要な工事のほとんどは、再建築不可物件でも実施できるといっていいでしょう。

3 階段立地

「階段立地」という言葉を聞いたことはあるでしょうか？

どんな物件であっても通常、物件は「道路」に面しています。

「道路」というと通常はアスファルトで舗装された幅4メートルとか6メートルとか、更にそれ以上の道幅で自動車が通ることができる道をイメージする方が多いと思います。

しかし、階段立地の場合、物件が接している「道路」が幅数十センチ～1メートル程度の階段やスロープであるのが普通です。

当然、自動車が物件へ直接入って来られませんので、物件の資産価値は下がります。また、利便性が低いため、適切な対策を講じなければ入居付けの面で苦労することもありえます。

しかし、階段立地に建つ物件は、戸建で30万円未満とか、アパートでも100万円台というふうに、物件の取得価格を驚異的に低く抑えられるケースが多いというメリットもあ

長崎に所有しているアパートの前の接道。
自動車が入れないため物件の資産価値は相対的に低い。

ります。

そして、運営のための適切なノウハウさえあれば、高利回りの投資を実現できる可能性も十分にあるのです。

東京や大阪など階段立地になじみのないエリアの投資家にとっては、「車が入れない階段立地の物件に本当に賃貸需要があるの？」というのが正直な感想でしょう。

しかし、私自身、ここ数年間で何棟ものアパートや戸建を階段立地において購入し、ほぼ全期間において満室で運営ができています。

つまり、しっかりとした事前調査を行い、適切な運営ノウハウを駆使すれば、階段立地でも充分に賃貸経営は可能なのです。

ここでは、そのノウハウをいくつかご紹介したいと思います。

1 驚異的に低い価格で物件を取得できることもある

0円の戸建（3万円台後半で賃貸中）、5万円の戸建（3万円で賃貸中）、約50万円の戸建（約4万円で賃貸中）、150万円のアパート（約17万円で賃貸中）。

これらは全て、私がここ数年の間に実際に購入した物件です。

何も、特殊なルートを使って物件の情報を仕入れたわけではありません。

例えば、0円戸建の場合、最初は「不動産ジャパン」という検索サイトで50万円程度で売りに出ていました。

5万円で購入した戸建は、当初150万円程度で「不動産ジャパン」に掲載されていましたが、長期間売れなかったため、「早く処分してしまいたい」という売り主様のご意向で10万円という価格に値下げされたところを、私が価格交渉し、5万円で購入しました。

物件の取得後、リフォームを行っていますので、単純に購入金額だけで投資の良し悪しを判断することはできません。しかし、既にリフォーム代を含めた総投資額を回収し終えていますので、方法さえ間違えなければ、階段立地においてもボロ物件投資を成功させられるという一つの実例といえると思います。

少し話がそれてしまいましたが、ここで私が何をお伝えしたいのかというと、「階段立地の物件はそもそもの売り出し価格が50万円～数百万円というような低価格であることに加え、更に、大幅な指値交渉が通りやすい」ということです。

「高齢になったのでもっと便利や物件へ引越ししたい」

「所有している階段立地の物件をどう処分しようか?」

「車が入れない階段立地の物件なんて引き取り手がないだろうなぁ」

「所有しているだけで税金や保険料がかかってしまうから、安くても良いので誰か引き取って欲しい」

売主様がそんな風に考えている階段立地の物件を見つけ、大幅な指値を入れることで、超高利回りでの投資を実現できます。

2 入居者探しにはそれほど苦労しない

そもそも、階段立地が存在するエリアでは、私たちが考えているほど、「階段立地の物件は特別なことではない」と認識されているため、入居希望者さんはそれほど抵抗なく借りてくださいます。

　ただし、好んで階段立地の物件に住みたいという方がいるわけではないので、事前に地元の賃貸仲介さんの意見をヒアリングしてから購入を決めるなど、最低限のリスクヘッジは行う必要があります。

3 あえて割安な賃料を設定する

　先ほど、「入居者探しにはそれほど苦労しない」と書きましたが、そのためには一つ条件があります。それは、階段立地ではない同様の条件の物件に比べて、1～3割程度割安な賃料を設定するということです。

　1～3割程度割安な賃料を設定しても、そもそもの取得費を安く抑えられるので、最終的な利回りは高くなります。

4 階段よりスロープがおすすめ

　階段立地には、大きく分けて2種類あります。一つは、文字通り「階段」で、もう一つは「スロープ（坂）」です。

一見、両者にたいした差はない様に思えますが、実際には、圧倒的にスロープ（坂）の方が有利です。というのも、階段であれば人しか通行することは出来ませんが、スロープなら自転車や原付・バイクが通行することができるからです。

この差は、後から自分ではどうすることもできない決定的な違いです。

私自身も、スロープつきの物件を好んで購入しており、階段しかない物件は、30万円未満や無償譲渡など、余程の価格的なメリットがない限り購入は検討しません。

5 階段立地のデメリットを軽減する LPガス会社提供の入居者サービス

全国どこでも通用するノウハウではありませんが、私が投資を行っている長崎において、階段立地のデメリットを軽減できる方法をご紹介します。

それは、LPガス会社さんが提供して下さる、次のような「入居者サービス」を階段立地物件の入居者向けに提供するという方法です。

①お買い物代行

まず、入居者さんがサービス用のフリーダイヤルへ電話をします。

例えば、「お米を10キロとビールを1ケース、あと、大根2本とキャベツを半玉お願いします」とお願いすると、スーパーの特売価格程度の料金で、翌営業時間に自宅まで配達料金不要で商品を届けてもらうことができます。

坂や階段が多い長崎では重い荷物を運ぶのは大変なので、「玄関先まで届けてもらえる」と、入居者さんはとても喜んでくださいます。

買い物代金は月末のガス料金と一緒に口座引き落としされるので、入居者さんがお給料日前の時などは、二重に助かっているそうです。

②室内クリーニング

私が所有しているほとんどの長崎の物件では入居者さんに対して、室内クリーニングサービスを提供しています。

こちらは有償ですが、流し台のクリーニング1回千円、浴室のクリーニング千円、トイレのクリーニング千円、リビングの掃除も千円・・・といった低価格で、数が増えるほど割引されるサービスもあります。

例えば、2DKの部屋をすべてクリーニングしたある入居者さんが支払った費用は、8千円程度でした。

この入居者さんはご高齢の方で、お正月にお孫さんが賃貸の自宅へ遊びに来られるのに備えて、室内のクリーニングを頼まれたそうですが、年末の忙しい時期にもかかわらず素早い対応をしてもらったととても喜んでくださいました。

家賃が5万円以下の物件でこのようなサービスが提供されるのは非常に珍しいと思います。これらのサービスは、LPガス会社さんが無償で提供してくれるものです。競争が激しいLPガス業界で生き残っていくために、ガス会社の従業員の方が協力し合い、本業の空き時間を利用してこのようなサービスを提供してくださるのです。

4 残置物が多い

残置物の応接机、椅子、テーブルなど。
これらを引き受ける条件で、安く物件を取得できた。

ボロ物件を見学に行くと、物件内に残置物が存在することがよくあります。

残置物というのは、以前の住人の方が残していった家具や生活道具などです。

売り主様がご高齢で室内を片付けるのが大変等の理由で、「残置物ごと物件を売却します」というケースがときどき見られます。

私は年に何百棟単位の物件を見学していますが、体感値でいえば、ボロ物件全体の3～5％程度は残置物が満載です。

このような物件を敬遠する買主は多いよう

ですが、私は逆に、「お買い得物件を作るチャンス」と考えています。購入後の手間はかかりますが、その分、物件の価格交渉を有利に行えるケースが多いのです。

1 産廃処分の業者さんへ依頼すれば手間が掛からない

残置物の一番オーソドックスな対処法は、地元の産廃処理業者さんにゴミの処分を依頼することです。

インターネットで「ゴミ処分」「地名」等で検索すれば、一般家庭向けのゴミ処分を請け負っている会社や店舗を複数見つけられると思います。

2～3社相見積りを取るだけでも、ある程度のコストダウンは可能です。

相場は、トラックが横付けできる物件であれば、トラックへの搬入費用を合わせて2t車一杯で2万～3万円くらいでしょうか。

時間のある方は、産廃処分の見積りを依頼する前にリサイクルショップに引き取ってもらったり、職人さんや知人に「ご入り用ならお譲りします」と声をかけてみたり、ヤフーオークションやメルカリ、ジモティで売却したりして、荷物を減らしておくといいでしょう。

2 職人さんに依頼して家具などを解体してもらう

2番目の方法は、物件のリフォームをお願いする職人さんやリフォーム会社さんに、「リフォームの前に残置物の処分をお願いできませんか？」と依頼してみる方法です。ある程度関係性のある職人さんやリフォーム会社さんであれば、快く引き受けてもらえる可能性が高いと思います。

どうせ、リフォームを行う過程でもごみは発生するのですから、元々ある残置物と合わせて処分してもらえれば効率的です。

当然のことですが、ごみ処分の対価は見積りを依頼した上で支払うようにしてください。私の経験からすると、産廃処分業者さんに依頼するより安上がりなケースが多いと思います。

3 自分でごみ焼却場へ持ち込む

3つ目の方法は、自分で物件所在の地方自治体が運営しているごみ焼却場へ搬入する方法です。

通常、ごみ焼却場へ直接ごみを持ち込んだ場合、100キログラムあたり600円、50キロまで200円というように、かなりの低価格で処分が可能になります。

ただし、事前にごみを分別する必要がありますし、引き取ってもらえない品目も意外と多くあります。

また、自家用車では一度に運びきれず、手間がかかってしまうこともあるでしょう。それ以外にも、粗大ごみで愛車を傷つけて、結果的に高くついてしまうという可能性も考えられますので、注意が必要です。

地方自治体によっては、不動産投資を行う過程で発生したごみは事業系ごみと判断され、搬入を認められない可能性もあるため、事前に電話で担当部署へ確認を取っておくことをおすすめします。

第３章
購入時の修繕と闘う
～ボロ物件のリスクⅡ～

1 雨漏り

中古物件を購入する際のリスクの代表がこの「雨漏り」です。

物件購入前に雨漏りの有無をチェックして、雨漏りしていることがわかれば購入を控える、というのが一般的なリスク回避法でしょう。

しかし、私は雨漏りがあったとしても、それを購入しない理由にはしません。もちろん、痛み具体にもよりますが、大きな問題がないようなら、むしろ雨漏りを「価格交渉の材料」として前向きに捉えるようにしています。

そのために、事前に職人さんやリフォーム会社さんによる現場確認を行い、雨漏りによる被害の程度と修繕するためにいくら必要か？　ということを確認します。

あくまでもコントロール可能な範囲内と限定はされますが、雨漏りというリスクを「意図的に取りにいく」ことで、安く物件を買えるチャンスが生まれるのです。

1 物件購入前に修繕費を確認する

一言で雨漏りと言っても、修繕するために莫大な費用がかかるものもあれば、数万円程度で済んでしまうものまで、その程度の差はさまざまです。

ですから、初回の物件調査時に天井部分等に染みが付いている等、雨漏りの形跡を確認したら、案内してくださった売買仲介さんへ、

「前向きに検討したいので、後日改めて室内を見学させてもらえますか？　次回はリフォームの見積りのため、知り合いのリフォーム会社さんにも同行してもらいたいのですが構いませんか？」

といった具合で次回のアポイントを取りましょう。

その後、大工さんやリフォーム会社さんへ事情を説明して、物件調査に同行していただけるようお願いしてみると良いと思います。将来的な工事の受注につながる可能性が高いことから、無料で引き受けてくれる方も多くいます。

初心者の方や、より丁寧な説明を受けたい場合、また、調査内容を書面で残したい場合

は、有償ですが「インスペクター」へ調査を依頼されても良いと思います。

私も、1棟目のマンションを購入した際は、長嶋修先生のさくら事務所さんにインスペクションをお願いしました。

安心代と割り切って、ここにお金を使うのも投資としてのひとつの判断です。

2 修繕プランを正確に把握する

雨漏りの修繕といっても、簡易的な応急処置から抜本的な修繕まで、その修繕方法は様々です。

例えば、漏水箇所にコーキングを施すといったその場しのぎの簡易的な工事（例えば価格を1万円とします）でも、古い屋根材を全て撤去し、下地の木材をやり換えた上で防水シートと新品の屋根材を再施工するというような抜本的な工事（例えば価格を100万円とします）でも、素人目には、修繕直後はどちらも同じように見えます。

しかし、例えば、修繕後わずか3カ月で、「コーキングしただけなので再度雨漏りしてしまった」ということがあれば困ります。

ですから、雨漏りのある物件を購入する際の工事の見積りでは、必ず簡易的な修繕ではなく、抜本的な修繕を行うための見積りを取得するようにしてください。

具体的には、大工さんやリフォーム会社さんに対して、

「この物件の雨漏り修繕ですが、松・竹・梅のコースでいうと、それぞれコストはいくらくらいで、どんな工事内容になりますか？」

「例えば、向こう10年、絶対に雨漏りを発生させない工事をするためには、コストはどの程度かかりますか？」と質問してみましょう。

職人さんやリフォーム会社さんとある程度の信頼関係が出来ている場合は、その場で「松プランで＊＊円くらいです。竹プランで＊＊円くらいです。梅プランで＊＊円です」「絶対という保証はできませんが、自分の経験からして＊＊円かけて頂ければ、15年は持つと思いますよ」などというような回答が得られると思います。

不動産投資成功の秘訣は、職人さんやリフォーム会社さんに対して、一方的に、過度な補償や完璧を求めすぎないことです。

私たちは不動産投資という事業を行う事業者です。事業にはある程度のリスクが付き物です。

投資家向けの割安な価格でリフォーム工事を発注したら、その分のリスクを発注者側も引き受けなければならないということを冷静に認識する必要があります。

初回見積り金額に対して値引き交渉を行った場合は特にそうです。

3 将来のリスクに備えて必ず保険に入る

「雨漏りのある物件を購入する際のリスク」をコントロールするためのノウハウをご紹介します。

それは、損害保険に加入するということです。「え？　そんなこと？」と思われる方もいるかもしれませんが、建物の劣化等を完璧には予測できない以上、保険は、将来発生するかもしれないリスクをカバーするために、必要不可欠なものであると私は考えています。

次からは、保険に入る際の注意点を紹介します。

4 火災保険だけでなく地震保険にも入るべし！

物件を所有している間は、常に地震や津波、強風や大雨等の被害にあうリスクを抱えることになります。大家の責任として、様々な予防措置を講じることは大切ですが、最後に頼りになるのは保険です。

私は、物件を購入すると同時に、次の保険には必ず加入しています。

※ここでは便宜上、全労済や都道府県民共済が提供する「共済」についても、民間の損保に合わせて「保険」と表記します。

①火災保険

火災保険については、とくに説明の必要はないと思います。

民間の損害保険会社か全労済や都道府県民共済などが検討対象になります。

全労災と都道府県民共済は、保険料が3割程度割安（全労済は最初から安く、都道府県民共済は後で戻ってくる）ですが、民間の損保の方が補償内容が充実している場合が多いようです。

民間の火災保険を契約される場合は、**「給排水管のトラブルを補償してくれる特約」**を付帯することがポイントです。

火災で建物が全焼するようなケースは稀でも、給排水管のトラブルで修繕を行う必要に迫られるケースはそれなりにあるからです。

私の場合、ボロ物件系は割安な全労済で契約しています。

これは個人的な考えですが、木造のボロ物件の場合、例えば、大型の鉄筋コンクリート物件と比較して、給排水管トラブルの際の復旧費自体がそもそも格安であるケースが多いので「特約の充実度より保険料の低さというメリットを選択したい」という考えのためです。

②地震保険

何も考えずに加入することをおすすめします。

「この地域は地震が少ないエリアだから大丈夫」とか「新耐震の建物だから問題ない」という考えは甘い、というのが個人的な意見です。

私は、ボロ物件系では、全労済の自然災害保障付火災共済の大型タイプに加入しています。

③施設賠償責任保険

これは、所有している戸建やアパート等の施設が原因で事故が起こり、管理者が法律上の賠償責任を問われた際に使用できる保険です。

「建物の老朽化が原因で入居者さんに怪我をさせてしまった」「風で雨どいが外れて、下を歩いていた人をけがさせてしまった」といったケースに適用できます。

ボロ物件投資を行う際の不安材料の一つである、「建物の老朽化」が原因で他者への損害賠償責任を負ってしまった際に保証を受けられる点がポイントです。

この保険は保険料が非常に安いのが特徴です。

長崎の私の6戸アパートの場合、保険料が年間2000円で、最高5億円までの補償が受けられます。

※詳細は各保険会社へ問い合わせて下さい。

2 床の傾き

「購入を検討している物件の床が少し傾いている気がするのですが、このまま購入してしまって問題ないでしょうか?」というような質問をいただくことがあります。

私はいつも、次のように回答しています。

「基本的に床が傾いた物件は購入しないほうが良いですよ」

というのも、「床の傾き」は、購入後のリフォームでは、抜本的な対策を行うことができないケースがほとんどだからです。より正確にいえば、技術的に抜本的な対策を行うことは可能でも、コストがかかりすぎて投資として成立しなくなってしまうのです。

では、「脇田は床の傾いた物件は購入しないのか?」というと、矛盾するようですが、決してそんなことはありません。

個人的には、次の「条件」を全て満たす場合は、床の傾きがあっても購入して問題ないと考えています。

1 表面的な大工工事で「その場しのぎ」が可能な場合

「床の傾き」には必ず原因があります。

例えば、地震の影響で地盤が傾いてしまったとか、人工的に造成した土地が時間の経過によってずれたとか、地下水の影響等で地盤が不同沈下したという具合です。

また、土地に問題はないけれども、単純に新築時の床の施工精度が低くて傾いているというケースもあるでしょう。

本来は、床の傾きが発生している根本的な原因を調査した上で、その原因を取り除いていくべきなのですが、例えば、土地の傾きを建物を維持した状態で補正していくことはコスト面から現実的ではありません。

そのような場合に考えられる対策は、根本原因には手を付けずに、フローリング等の床材の下にある根太の厚みを場所ごとに調整する等の方法で、表面的に傾きを解消してしまうというものです。

大工さんやリフォーム会社さんへ、物件購入前の調査時に、「この床の傾きを表面的に解消するための見積りを下さい」とお願いすれば大体のコストを把握できるでしょう。

この場合、手を加えるのは、表面的な床材や根太のみですので、早ければ数日で調整可能ですし、コストも普通に床材をやりかえるのと大差ないケースがほとんどだと思います。

2 今すぐに問題が拡大する見込みが低い場合

床が傾いた物件を検討する際は、その傾きが現在進行形のものか？　そうでないか？ということが重要なポイントになってきます。

事前に大工さんやリフォーム会社さん、インスペクターに依頼して調査を行った上で、「今すぐに問題が拡大することはないでしょう」ということであれば、ひとまず安心です。

しかし「1カ月前に大きな地震がありました。多分、この床の傾きはその地震のせいでしょう。しばらく余震が発生する可能性が高いですし、半年後に今の状態が保たれている可能性は低いかもしれません」というような場合は、手を出さないほうが賢明です。

このあたりの判断のさじ加減は、それぞれの投資家が、納得できるラインを自分で見つけるしかないというのが正直なところです。

3 物件価格が1世帯あたり30万円未満の場合

1世帯あたり30万円以上の予算があれば、わざわざ床が傾いたハイリスク物件を取得しなくても、もっとリスクの低い通常のボロ物件を購入することができます。

ですから、この水準以上の「超」低価格物件の場合のみ、検討すればいいのでは？　というのが私の考えです。

1世帯あたり30万円ですと、戸建の場合、1棟30万円、アパートの場合、4世帯で120万円、8世帯で240万円という計算になります。

このレベルの、誰がどう考えても「超」が付くお買い得物件なら、検討する価値がありますが、そうでないなら、わざわざ手を出さなくてもいいと思います。

4 木造物件の場合

木造以外の建物で、物件価格が1世帯あたり30万円未満であることはほとんどないと思いますが、もしあった場合でも、木造以外の物件で床が傾いた物は、購入しない方がいいと思います。

床が傾いているということは、建物の価値が大きく損なわれている状態です。ということは、最悪のケースを想定し、近い将来建物を解体することになったとしても問題ないよう予め準備しておく必要があるということです。

木造なら、建物を解体して更地に戻すのも比較的安価です。

しかし、鉄筋コンクリート造や鉄骨造の場合、そうはいきません。

建物の構造が木造かそれ以外か？　が、ぎりぎりリスクをコントロールできるか？　できないか？　の分水嶺なのです。

3 シロアリ

雨漏りと並んで大きな中古物件購入時のリスクに、「シロアリ」があります。

「シロアリ被害があることを価格交渉の材料にして低価格で物件を取得し、被害箇所の修繕と将来のための予防措置を低価格で行うことで投資利回りを高めていく」という考え方は、他の項目と同様です。

1 物件購入前にシロアリ被害の有無を確認する

物件購入前に建物を見学する際は必ず、「シロアリ被害はないか？」を確認します。

室内へ入ったら、

・床に近い部分の柱などにシロアリの被害がないか？

・シロアリ予防駆除の施工痕がないか？

浴室周辺のシロアリ被害にあった柱。
柱の下部を新しい木材に入れ替えることで修繕した。

について目を光らせましょう。

シロアリが活動している場所には、蟻道（ぎどう）という茶色っぽい蟻の通り道があるので素人でも見ただけですぐにわかります。

また、室内に露出している柱などの木部を指先でノックするように順に叩いていくと、シロアリ被害があるカ所は、中身がスカスカになっていて、反響音が明らかに違います。

その方法で、表面的にはわからない内部の被害をチェックしましょう。

過去にシロアリによる被害を受けている場合、床面に近い部分だけ新しい木材にさし換えている場合があるので、一部分だけ木材が不自然に新しくなっているカ所はないか？

も確認すると良いでしょう。

こういう場合には、今は問題がなくても、将来的にまたシロアリ被害が発生する確率が高いと考えた方が無難です。

2 物件購入前にシロアリ被害の修繕費用を確認する

初回の建物見学の際に、シロアリっぽい被害カ所を発見した場合は、雨漏りのときと同様に、案内してくれた売買仲介さんへ「前向きに検討したいので、後日改めて室内を見学させてもらえますか？　次回はリフォームの見積りのため、知り合いのリフォーム会社さんにも同行してもらいたいのですが構いませんか？」と断った上で、大工さんやリフォーム会社さんに同行してもらいましょう。

事前に「シロアリ被害の可能性があります」と大工さんへ伝えておけば、その場で、床下や天井裏など素人がチェックできない所まで調べた上で、大まかな修繕金額を算出してもらえるはずです。

被害の程度にもよりますが、大工さんへ直接依頼すれば、我々が想像するよりも低価格で修繕できることがほとんどです。

私が過去に購入した5世帯のアパートにも中程度のシロアリ被害（構造材以外のほとんどの部位に被害が発生）がありましたが、大工さんへお願いして、1世帯あたり15万円程度、1棟合わせて75万円程度でシロアリの被害にあった部分の木材を全て交換してもらえました。

このアパートは2K×5世帯で150万円という低価格で購入できたため、75万円のコストをシロアリ被害の修繕にかけても充分に「回る物件」に仕上げることができました。

3 建物全体に防除剤を散布する

ここでは、「シロアリ被害がなかった場合」、または「被害カ所を修繕し終わった後」に行うべき、将来の被害を予防するための方法について紹介します。

①松プラン「シロアリ屋さんに防除剤の散布を依頼する」

松プランとして紹介する方法は、シロアリ屋さんへ依頼して防除剤を散布してもらうという最もオーソドックスな方法です。

この方法のメリットは大きく2つあります。

まず一つ目は、何といっても、専門家へ全てお任せするので手間要らずで安心ということです。

二つ目は、損害保険会社のシロアリ被害保険が付いてくるため、万一、将来的に被害が発生したとしても、保険で具体的に補償されるという安心感を得られることです。

松プランのデメリットは、料金が少し高いというくらいです。

私が所有している2DK×6世帯のアパートの場合、1棟丸ごる防除剤を施工して約23万円の見積りでした。

シロアリ保険の期間は施工時より5年間で、総額1000万円までの補償が得られるというものでした。

②竹プラン「職人さんへ防除剤と噴霧器を支給し散布してもらう」

竹プランとしてご紹介する方法は、シロアリ屋さんではなく、自分で防除剤を用意して職人さんへ支給し散布してもらうという方法です。

楽天などで、「シロアリ」「防除」「予防」などと検索すれば、様々な薬剤を発見することができます。

これらを購入して職人さんへ支給し、「床下や天井裏、床材の裏面など、可能な限り多くの木部へこの薬剤を散布してください」とお願いしてみましょう。

もし、職人さんが噴霧器を持っていない場合は、ホームセンター等で手動式の噴霧器を購入し、一緒に支給するといいでしょう。

私の経験では、ある程度の関係性がある大工さんなら引き受けてくれます。何らかの理由で引き受けていただけない場合でも、他の方を紹介してもらえることがほとんどでした。

初対面の大工さん等へ、いきなり、本業ではない仕事を依頼することはあまりおすすめできません。お願いできる方が思いつかない場合は、便利屋さんへ依頼しても良いと思います。

この方法のメリットは、コストを大幅に削減しつつ、場合によっては、シロアリ屋さんへ依頼するのと同等程度の防除効果を得られる可能性があるということです。

「可能性がある」というのは、実際に薬剤を散布する職人さんがシロアリの専門家ではないので、人によって散布の精度が低かったり、ムラが発生したりという問題が考えられるからです。

そのあたりは「ムラが出ないよう全体へもれなく丁寧に薬剤を吹き付けてください」とお願いするくらいしか対処法はありません。

デメリットとしては、先ほどのシロアリ保険が付けられないということが挙げられます。シロアリ保険は、私が知る限り、専門のシロアリ屋さんを通さないと加入できないようです。

③梅プラン「自分で防除剤を散布する」

最後の方法は、自分で防除剤を散布するという方法です。

この場合、必要なコストは薬剤等の材料費だけで済みますが、本来、念入りに作業するべき床下や天井裏など奥深い場所へ、手が届かないことがほとんどであるため、得られる効果がかなり低くなってしまうというデメリットがあります。

このプランは、「予算の都合上、やむを得ず今回はシロアリの防除工事は見送ろう」というような場合に取る緊急避難的な措置というか、気休め程度に考えられた方が良いかもしれません。

「何もしないよりは、自分で薬剤を散布した方がまだ良い」程度の感覚です。

4 カビ・コケ・湿気

物件見学の際、「少しカビくさい建物だな」とか、「ジメジメとした物件だな」と感じることがあります。

建物の外周部分や共用部の床・壁に緑色のコケが生えていたり、押入れの中や室内の壁に黒っぽいカビが生えているというケースも珍しいことではないでしょう。

私の経験では、こうした湿気問題は建物の立地によるところが多く、後から根本的な対策を打つことが難しいケースが大半です。

しかし、適切な対策を実施すれば、ほとんどコストをかけずに状況を改善することは可能ですから、思い切ってカビ・コケ物件を取得するのも悪くないのでは？　と思います。

1 湿気の発生源を特定する

カビやコケが発生する原因の一つは湿気です。ですから、湿気がどこから発生しているかが特定できれば、問題の解決につながります。

そのためには、物件購入前の検討段階で、大工さんやリフォーム会社さん、インスペクターに同行してもらい、湿気の原因を調査してもらうと良いと思います。

床下や天井裏の調査の結果、例えば、「排水管から漏水が確認されました」というようなケースであれば、その漏水カ所を修繕すれば済む話なので事は簡単です。

ただ、私の経験でいうと、このようなわかりやすい原因で問題が解決することは稀です。建物全体を調査しても、どこから湿気が来ているかがわからないという場合がとても多いのです。

そういうときはたいてい、土地そのものから湿気が発生していたり、擁壁や崖が建物の近くにあり、地形的に湿気が溜まりやすかったりということが原因のようです。

2 通気を確保する

湿気の原因を取り除けないときの対処法としては、できるだけ床下等の通気を確保し、現時点で発生しているコケやカビを地道に取り除いていくということがあげられます。

まず、建物の床下に換気口が設置されているかどうか？ を確認します。

古い物件の場合、そもそも、床下に換気口がないケースが散見されます。このような場合、単純に換気口を後付で設置するだけで、自然の通気を確保できて、状況を改善できるケースもあります。

職人さんへ「後付で床下換気口を設置してください」と依頼するといいでしょう。

具体的には、サンダー等の工具でモルタルに換気口を開け、猫などが侵入しないよう金属製の進入防止柵を取り付けてもらいます。

更に効果をあげたい場合は、進入防止柵の代わりに、床下設置用の換気扇を取り付けても良いと思います。

もし、換気扇を設置される場合は、換気扇の価格に注意してください。

私の感覚では、高くても1台あたり1万円くらいまでが適正価格だと思います。

※工事の際は、建物の耐久性を損ねることがないよう、穴を開ける場所に注意してください。

3 コケやカビを取り除く

床下に発生しているコケやカビは、ブラシやスコップ等で地道に取り除いていく方法が一番です。

楽をしようと、床下で高圧洗浄や薬剤を使用すると、躯体の木材等に悪影響を与えてしまいます。共用部など建物の外側の場合は、高圧洗浄機を活用すると良いと思います。

4 清掃後は将来のための予防措置を取る

高圧洗浄後のコンクリート部分には、市販されている防汚剤を塗布すると良いでしょう。この防汚剤は楽天等で「モルタル」「光触媒」「コート剤」などと検索すると見つかるはずです。

また、職人さんの中に、道路工事等で使用する公共事業用のモルタル（コンクリート）用防汚剤を持っている方がいるかもしれないので、一度聞いてみてもいいかもしれません。

また、清掃後は、床下など湿気がたまりやすそうな場所に「調湿剤」を敷設すると良いと思います。

大きなホームセンター等で販売されている他、楽天等で「床下」「調湿剤」と検索すれば候補がいくつも見つかります。

これらの作業は、全体のコストに対して占める人件費の割合が高くなる傾向があるので、コストダウンしたい方は、高圧洗浄機や調湿剤を自分で用意し、DIYで作業すると良いでしょう。

長崎で所有するアパートの共用部。
外部の清掃では高圧洗浄機が活躍する。

高圧洗浄後は光触媒の防汚剤を塗布する。

5 鉄部のサビ

鉄部とは、アパートの外階段やベランダ等の柵、玄関の門扉、駐車場・駐輪場の屋根や土台を支える支柱など、建物の外部に使用されている鉄製の部位のことです。

ボロ物件投資の対象となるような建物では、これらの鉄部が適切にメンテナンスされていないことも多く、サビが発生して美観を損ねていたり、耐久性に問題が生じたりしているケースも珍しくありません。

しかし、鉄部のサビは比較的安価で対策を講じることができるので、必要以上に恐れる必要はありません。

物件購入前は価格交渉の材料に、物件購入後には次に紹介するような対策を実施することで、サビ問題をクリアしていきましょう。

1 サビを落とす

ホームセンター等で販売されている金属製のワイヤーブラシや電動工具を利用することで、自分でサビを削り取ることができます。

重労働ですし、削り過ぎとケガに注意する必要はあるものの、作業自体はそれほど難しいものではありません。

職人さんやリフォーム会社さんへ発注する場合は、「サビ落とし」を発注するのではなく、「鉄部の塗装作業」という形で依頼します。そうすれば、塗装する前に、当たり前のようにサビ落とし作業を行ってもらうことができます。

2 板金屋さんに修繕を依頼する

サビの進行が進み、鉄部の耐久性に問題がある場合は、板金屋さんに依頼して鉄部の板金をお願いすると良いでしょう。

板金屋さんは、大工さんやクロス職人さんほどメジャーではありませんが、どのエリアにも必ず存在します。

インターネットや電話帳で探そうとすると、自動車の板金屋さんが大量にヒットして建物の板金屋さんが見つかりにくいため、最初から、知り合いの職人さんや不動産会社さんへ「板金屋さんを紹介してください」とお願いするのが手っ取り早いと思います。

3 ペンキを塗る

サビ落としと板金工事が完了したら、最後にペンキで塗装を行います。

塗装をしないとすぐにサビが再発するため、必ず塗装を行うようにします。

ポイントは、最初にサビ止め剤を塗布した上で、鉄部用と表示のあるペンキを、できれば複数回塗装していくことです。

ペンキには作業性の高い1液タイプと、手間とコストがかかるものの耐久性が高い2液タイプがありますので、状況に合わせて選択してください。

職人さんやリフォーム会社さんへ発注する際は、「必ず、下塗りのサビ止め剤を塗布した上で、1液タイプか2液タイプを複数回塗装して下さい」とお願いするといいでしょう。

工程管理をしっかりと行いたい場合は、それぞれの工程毎に塗装するペンキの色を変えてもらい、デジカメで写真を残してもらうという方法もあります。

また、せっかくペンキを塗るのですから、デザイン性を意識して、ペンキの色を思い切ったものに変更してみるのもおすすめです。

私自身も、入居希望者さんへインパクトを与える目的から、階段の手すりに赤色等の人目を引く色調を選択することがよくあります。

新築後35年間、風雨にさらされサビが発生した外部階段。

サビを落とし、サビ止め剤と2液タイプの塗料で塗装した。
赤と黒、2色の塗料を用いビビットなデザインに仕上げた。

第４章
物件の陳腐化と闘う
～ボロ物件のリスクⅢ～

1 トイレが和式

築年数の古い物件の中には、トイレが和式というケースが多くあります。

しかし、和式のトイレは入居者募集の際に大きなハンデとなりますので、迷わず洋式化することをおすすめします。

ここでは、既に下水道へ接続されている場合の事例をご紹介していきます。下水道に接続されていない場合の対処法は、次の項目を参照してください。

1 物件のレベルに合った設備を選択する

一口にトイレといっても、その設備のレベルには幅があります。

例えば、同じ賃貸物件でも、月額賃料20万円以上の中・高級物件と、4万円の物件では、同じ水回りでも求められる水準が異なってきます。

20万円の物件なら、最新型のタンクレストイレにデザインクロスのお洒落な内装が喜ばれるかもしれません。しかし、4万円の戸建てなら、清潔感のある普通の洋式トイレというだけで、入居者さんには十分満足してもらえます。

リフォームの際は、どうしても「自分ならこんな設備が欲しいな」とか、「私はこっちの方が好きだ」という風に、投資家自身の個人的な趣味や価値観が入りがちです。

長崎に所有する区分マンションのトイレ。
物件購入時は、和式の古風なトイレだった。

和式トイレを解体し洋式トイレへ交換。

しかし、実際に物件へ入居するのはあなたではなく入居者さんです。自分目線ではなく、あくまでも入居者さんの目線を意識しながら、リフォームプランを練っていくことが大切です。

2 職人さんかリフォーム会社さんへ工事を発注する

リフォーム会社さんへ工事をお願いする場合は、「この和式トイレを洋式化してください」と伝えるだけで目的は達成できます。本当に簡単です。

しかし、私はコスト削減の観点から、この方法ではなく、職人さんへ直接工事を発注する方法をおすすめします。

①投資家が行う作業

和式トイレを洋式化する際に、大家が行う作業としては、導入する便器等設備品の選定・購入・発送の手配というものがあります。

注意したいのは、購入の際に、新築用とリフォーム用（配管位置を現場に合わせて調節する機能が付いている）の便器を間違えないことです。

そこを意識して、楽天やヤフーオークション等で手頃な「リフォーム用便器」を選定し、発注します。

このとき、発送先を自宅ではなく、現場にすると、自宅から現場までの送料を節約することができます。

商品が現場のトイレに適合するかどうか不安な場合は、「TOTOの＊＊＊という型番の便器が、ウチの現場に合うか確認してもらえませんか？」と大工さん等へ事前に確認しておきましょう。

次に、誰にどのような作業を発注すればよいかについてご紹介していきます。

②大工さんへお願いする作業

・既存和式トイレの解体&産廃処分（便器が一段高くなっている場合は床面の解体も含む）
・床面&壁面仕上げ（解体した床面に根太を施工しコンパネを敷く、移設した給排水管はコンパネを切りぬき床上に顔を出しておく）
・新しい洋式便器の取り付け

③給排水管職人さんへお願いする作業

・給排水管の位置変更（和式トイレと洋式トイレでは、給排水管の位置が異なることがあるので調整が必要な場合がある）

④クロス職人さんにお願いする作業

・床と壁のコンパネに仕上げのクロスやクッションフロアを施工

⑤電気職人さんへお願いする作業

・温水洗浄便座等を導入する場合で、コンセントがない場合は、電気職人さんへコンセントの新設を依頼

2 トイレが汲み取り

築30年を超えてくると、トイレが下水に接続されていない、いわゆる「汲み取り」タイプの物件に出会うことがあります。このような物件は、不動産としての価値が低く見積もられがちなため、見方を変えれば大幅な指値を通すチャンスにもなりえます。

汲み取りトイレを一般的な洋式トイレにアップグレードすることはそれほど難しくありません。

ですから、私自身は汲み取り物件だからといってすぐに切り捨てるのではなく、立地などを評価しながら、積極的に取得を検討するようにしています。

1 事前に下水道への接続が可能かどうかを確認する

汲み取りトイレをアップグレードする方法は、大きく2つ考えられます。

一つ目は、下水道へ接続し、同時に室内の設備も洋式便器へ更新する方法です。この方法のメリットは、物件が抱えていた「汲み取り」という問題を抜本的に解決することができるという点です。

一方で、デメリットとしては、比較的コストがかかることと、建物の前まで下水道が来ていない場合は、接続したくても接続できないという点があります。

そうならないためにも、物件購入前に必ず、「下水道への接続が可能かどうか?」を物件所在の市区町村の水道局へ確認しておくといいでしょう。

①下水道への接続が可能な場合の対処法

水道局へ確認し、「接続可能」という返事がもらえた場合は、さらに踏み込んで、下水道へ接続するために必要なコストを確認しましょう。コストは大きく、「下水管の工事費用」と「室内の便器や内装などの工事費用」の2つに大別されます。

室内の工事は、職人さんへの直発注と設備品の施主支給のスキームを活用することで、約10万円、多くても15万円くらいで収まることが大半です。

しかし、市区町村が所有している下水管への接続費用は本当にケースバイケースで、「一般的には＊＊円くらいです」という数字を提示することができません。

この金額を確認するためには、物件所在の市区町村の水道局へ次のように問い合わせてみる必要があります。

ａ「汲み取りトイレを下水道へ接続したいので、指定業者のリストを下さい」

ｂ「下水道へ接続するにあたって、補助制度はありますか？」

ａのように問い合わせる理由は、下水管への接続工事は水道局が指定した業者しか工事できないことになっているからです。

ですから、まずは、指定業者のリストを入手し、次にこのリストから数社へ見積りを依頼すると良いでしょう。

指定業者が多すぎて、見積りをどこに依頼して良いかが決められない場合には、次のような基準で選ぶのがいいでしょう。

「物件に住所が一番近い個人っぽい業者さん」

「物件に住所が一番近い、なるべく大きそうな業者さん」

「本業がＬＰガス会社の業者さん」

これらのポイントで業者さんをピックアップしたら、次にそれぞれに電話をして、「私の物件を下水道へ接続するための見積りを下さい」と依頼します。

ＬＰガス会社さんの記述に違和感を持つ方もいるかもしれませんが、ＬＰガス会社さんが水道工事の指定業者になっていることは珍しいことではありません。

そのような業者さんを見積り対象に入れるのは、下水道の工事と、物件へのＬＰガスの供給をセットにして交渉することで、有利な条件を引き出せる可能性が高くなるからです。もし、ＬＰガスが本業の水道工事業者が複数あった場合は、相見積もりを取るとさらにいい条件を引き出せるでしょう。

ｂの補助金については、各市区町村が下水道への接続を促進するための補助制度を用意しているケースがあるので、念のため確認しておきます。

例えば、私が物件を所有している長崎市の場合、「水洗化補助金交付制度」というものが存在します。

年度によって条件が異なったり、適用条件が個別に定められたりしているようですので、詳細はそれぞれの水道局へ問い合わせをしてみてください。

②接続不可能な場合の対処法

下水道が整備されていない場合でも、「汲み取り」物件をアップグレードする方法はあります。それは、汲み取りのまま、室内の設備のみ洋式化してしまうという方法です。

イメージとしては、飛行機や新幹線のトイレのような感じです。

例えば、ボーイング社のＢ７８７（飛行機）には、温水洗浄便座が導入されたモダンでオシャレなトイレが用意されています。

当然、Ｂ７８７に下水道は接続されていないのですが、その気になればたいていのことは実現できるのです。

具体的には、導入する便器を通常の便器ではなく「簡易水洗」用の便器に変更します。

表面的な設備を洋式化しただけで、中身は汲み取りですから、継続的に「汲み取り」料金が発生しますし、少量の水しか流せないという問題はあります。

しかし、水が少ししか流せないからといってクレームになることはありませんし、賃借契約書で、「汲み取り費用は入居者さん負担とする」と予め取り決めをしておけば、汲み取り費用が大家の負担になることもありません。

デメリットとしては、入居募集時に、「汲み取り料金を支払わなければならないから入居を控えよう」となってしまう可能性があるということと、将来下水道が整備されたときに、「下水道へ接続してください」と水道局から要請され、コストが二重にかかる可能性があることくらいでしょうか。

※下水道法では、「下水道が整備された場合は3年以内に接続するよう」定められているため、自分だけ「うちのトイレはもう簡易水洗にしたので工事はけっこうです」と断ることは認められていません。

下水道法（昭和三十三年四月二十四日法律第七十九号）

第十一条の三　処理区域内においてくみ取便所が設けられている建築物を所有する者は、当該処理区域についての第九条第二項において準用する同条第一項の規定により公示された下水の処理を開始すべき日から**三年以内に、その便所を水洗便所（汚水管が公共下水道に連結されたものに限る。以下同じ。）に改造しなければならない。**

3　お風呂が古い

「この物件を購入したいけど、浴室が古いのがネックだな」というケースはよくあります。

そんなとき、不動産会社さんやリフォーム会社さんへ相談すると、たいていの場合、「ユニットバスへ入れ替えましょう。価格は100万円くらいからになります」というような返答が返ってきます。


しかし、その提案を素直に受け入れてしまえば、利回りは当然、ダウンします。

ボロ物件投資で重要なことは、投資家自身が創意工夫することで、物件再生のコストを抑え、その結果として投資利回りを高めていくということです。

イメージとしては、新築物件の80％程度の仕上がりの設備を、新築物件の20％のコストで実現することを目指すという感覚です。（実際には70％の仕上がりで、30％のコストがかかるというようなことが多いですが・・・）

1 既存の浴室が在来工法の場合

築30年を超えた物件の場合、浴室の床や壁がタイル張りだったり、腰よりも上の壁部分や天井がペンキで仕上げられただけの簡素な仕様であったりすることがよくあります。

このような物件は、デザインの古さが入居者募集の際にマイナスになりやすいですし、タイルに割れやヒビがあれば、防水面に問題が生じてしまいます。

また、水栓金具の古さや、蛇口から水しか出ないなどの問題もあるでしょう。

①壁

入居希望者さんが浴室をチェックする際、最も目につくのは、一番面積が広い壁面です。

安価で効果的な浴室リフォームのために私がおすすめするのは、「バスパネル」を壁面に施工してもらう（貼り付ける）方法です。

このバスパネルは、浴室での使用を前提に開発されたため、水気に強く、デザインも豊富で、素人目にはユニットバスと見分けるのが困難なほどオシャレです。

それでいて、価格はユニットバスの数分の一ですので、低コストの浴室リフォームには最適といえます。

楽天等で「バスパネル」と検索してみると、候補がいくつも出てきますので、参考にしてください。

さらにコストを削減したい場合は、バスパネルを使用せず、壁面の再塗装で済ませてしまう方法もあります。しかし、これはバスパネルと違い、見た目が、「それなり」になってしまうので、物件のレベルに合わせて適宜判断するのがいいでしょう。

②床

床をリフォームする方法は複数考えられます。

一つ目は、既存の古いタイルの上に直接、防水塗料を塗る（流し込む）方法です。

この方法のメリットはなんといっても低コストで、見た目をある程度整えられるということです。

また、防水塗料ですから、ある程度の防水性も確保できます。

施工する際は、滑り止め効果を発揮させるために、防水塗料に少量の「目の細かな砂」を混ぜるのがポイントです。

ただし、この手法は耐久性がそれほど高くないというネックがあります。私の主観ですが、5～7年毎に再施工が必要になるので、注意が必要でしょう。

二つ目の方法は、タイルの上から施工できる浴室の床用シートを購入し、接着剤等で貼り付けていく方法です。

貼り付けるシートは、楽天などで「浴室」「床」「シート」などと検索するといくつも見つかります。

見た目は防水塗料を施工するよりモダンに仕上げられますが、予め下地を平坦にしておかないと、細かな凹凸が目立ってしまうという弱点があります。

下地が平坦でない場合、素人がＤＩＹで作業するには、ハードルが高いといえるかもしれません。

三つ目は、古いタイルを剥がし、新しいタイルを施工する方法です。

この工法は、素人工事だと水漏れ事故を起すリスクが高いことから、タイル職人さんへ作業を発注する必要があります。

そのため、比較的コストがかかりますが、タイルのデザインも豊富ですし、仕上がりのキレイさは抜群だと思います。

③天井

前述のバスパネルやシートを施工しても良いのですが、あまり目立つ場所ではないので、ペンキの再塗装で済ませてしまってもいいと思います。

正直、正解はありません。ケースバイケースといえます。

例えば、壁の工事をしてくれた大工さんが、「ついでに天井も工事してあげるよ」といってくれた場合や、パネルが天井分余っている場合などは、施工する方が良いですし、逆に「今回の補修工事は天井のみです」というような場合は、塗装で済ませる方がいいかもしれません。

他の工事との兼ね合い、かけられるコスト、物件のレベルに合わせて適宜判断してください。

④浴槽

古い物件では、浴槽が劣化してザラザラしていることがよくあります。

このような状態では、入居希望者さんが敬遠しますので、何らかの対策を打つ必要があ

【ビフォー】

【アフター】

ります。

方法としては大きく2つあります。

一つ目は、浴槽を新しいものに交換することです。

楽天等で検索すれば、樹脂やFRP製等の浴槽が2万~3万円程度から販売されています。サイズと排水口の位置、エプロンの位置を確認してから購入するといいでしょう。

注意点としては、既存の浴槽が浴室の床面から100%露出しているか、それとも何割かが床面より下に埋まっているか、を予め確認する必要があるということです。

完全に露出している場合、入れ替え工事の工賃は安価で済むことが大半ですが、少しでも床面より下に埋まっている場合、工事費が跳ね上がってきます。

事前に大工さんやリフォーム会社さんへ、工事費について確認することをおすすめします。

二つ目の方法は、既存の浴槽を研磨した上で再塗装し、延命させるという方法です。

塗装職人さんへ「この古い浴槽を再塗装してください」とお願いしてみましょう。

初めてお願いする場合、「5年後や10年後まで〝もつ〟か分からないので施工できない」と断られることがありますが、過度な補償を求めないことを伝え、粘り強くお願いすれば引き受けてもらえる可能性が高まります。

この工法は、浴槽の入れ替えがコスト面の理由で実施できない場合などに取る次善策です。効果が恒久的に続く抜本的な工事というより、定期的に再施工が必要な消耗品的な感覚で捉えておく方が良いかもしれません。

また、「古い浴槽を蘇らせます」という売り文句で、このような工事を5年程度の保証をつけて施工する業者さんが存在しますが、私はこちらはおすすめしません。

なぜなら、専門の業者さんに頼むと工事価格が相対的に高く、割に合わないからです。

私の経験では、それならば、適切なコスト管理の下で浴槽を入れ替える工事の方がまだ安いというようなことが多かったです。

⑤水栓＆シャワー

古い浴室では、水栓金具が、現在主流のサーモスタット付きの混合水栓ではなく、お湯と水のつまみが一つずつ付いたツーハンドル水栓になっていることがあります。

また、そもそもシャワーが設置されていない場合もあるでしょう。

しかし、温度調整が出来るサーモスタット付の混合水栓とシャワー設備は、入居募集の際に必ず必要になります。ですから、もしこれらの設備が存在しない場合は、早めに導入してください。

壁面にバスパネルを施工する際、職人さんに頼んで一緒に交換してしまえば、キレイに仕上げることができるでしょう。

⑥給湯設備

古い浴室ですと、蛇口から水しか出ないことがあります。

若い方は知らないかもしれませんが、昔は蛇口からお湯が出なかったため、洗い場でお湯を使いたいときは、浴槽に貯めた風呂のお湯を桶でかい出して使っていました。

懐かしい光景ですね（笑）。

話が少しそれましたが、現代の賃貸経営では、入居者募集の際に、蛇口からお湯が出ることは必須条件です。ですから、物件全体の給湯設備を更新する必要があります。

具体的には、３点給湯という屋外に設置した一つの給湯器で「浴室・洗面・台所」の３カ所へお湯を供給できるタイプの設備へ変更します。

方法は比較的簡単で、原則的には、ＬＰガス会社さんへ「この物件を3点給湯化してください」と依頼するだけで済みます。

ＬＰガス会社さんといい関係が築けていれば、給湯配管の新設代や給湯器代は無償にしてもらえることも珍しくありません。

4 洗面台がない

ボロ物件では、最初から「洗面台」が存在しないことがよくあります。

昔は、入居希望者さんに対して、「台所で顔を洗ったり、歯を磨いたりしてください」と案内していたのでしょうが、現在ではそれは通用しません。

洗面台がないというだけで入居募集の際に不利になってしまうので、必ず、洗面台を新たに設ける必要があります。

1 シャンプードレッサー派？　洗面ボウル派？

新たに洗面台を導入する場合、選択肢は2つあります。

一つ目は、シャンプードレッサーを導入するというやり方です。

楽天などで、「シャンプードレッサー」「洗面化粧台」などと検索すると様々な商品が見つかると思います。

主なメーカーとして、パナソニックやＩＮＡＸ（ＬＩＸＩＬ）・ハウステックなどが挙げられます。

個人的な好みもあると思いますが、私はコストと見た目のバランスから、主にパナソニック製かハウステック製の幅７５０ミリの１面鏡タイプを選択しています。

予算と設置スペースが許せば幅９００ミリ以上のタイプを選択したいところですが、コストの関係から、ほとんど導入実績はありません。

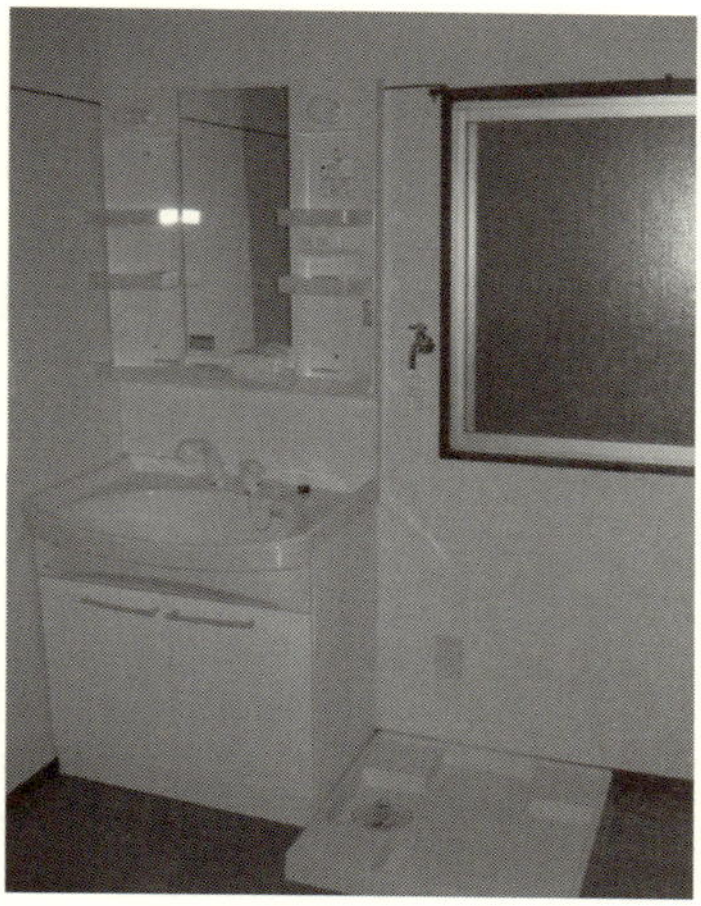

パナソニック製の750ミリ幅シャンドレと640×640ミリサイズの洗濯機パンを新設。

また、注意点として、６００ミリ幅以下のものは避けた方が無難です。理由は、賃貸用といえども、見た目と実用性がかなり劣ってしまうからです。

７５０ミリ幅以上のシャンプードレッサーには多くの場合、ワンレバー水栓が標準装備されていますし、水回りの備品を収める収納も充実しています。

また、施主支給する際にも、シャンプードレッサーを1セット用意すれば、他に揃えるべきものがないので手軽というメリットがあります。


二つ目は、洗面ボウル・水栓金具・収納棚・照明・鏡を別々に用意し、個別に取り付けていく方法です。

この方法のメリットは、750ミリ幅以上のシャンプードレッサーを設置するスペースが取れない場合でも、洗面機能を導入することができるという点です。

例えば、角型で奥行きが短い（200～250ミリ程度）壁付きタイプの洗面ボウルを使えば、通路としての機能しかなかった廊下や、ワンルームの隅などにも大きな違和感なく洗面台を設置することができます。


購入の際には、楽天で「洗面ボウル」「角型」などと検索すると見つかります。

近くにIKEAがある方は、IKEAの洗面ボウルもおすすめです。

価格が安く、デザイン性に優れているため、本当なら洗面台が存在しないはずの場所に設置しても、室内のデザインを違和感なくまとめてくれます。

同じ理由で、サンワカンパニーのサイトも確認してみることをおすすめします。

http://www.sanwacompany.co.jp/shop/c/c1414/

※２０１８年1月現在

2 水回りは近くにまとめた方がコスト面で有利

洗面台を設置する際は、給排水管職人さんや大工さんと相談の上、なるべく既存の台所や浴室など水回りに近い場所を選択するようにしましょう。

給水・給湯と排水管の工事が必要になるため、既存の水回りに近い場所を選んだほうが、コストを抑えられるのです。

また、お湯が出るまでのタイムラグを短縮する効果も得られます。寒い地域に物件がある場合は、重要な部分だと思います。

3 電気配線の容量にも留意が必要

洗面所には電気配線も必要です。

可能なら、事前に電気職人さんに、露出配線を避けた配線工事が可能かどうかについて、確認しておきましょう。

配線が露出されたままですと美観を損なうので、壁紙を貼りかえる際に、壁の中に隠匿してもらうといいでしょう。

また、洗面所はドライヤーなど容量の大きな家電を使用することが多い場所です。ですから、なるべく他の場所と電気を共有せず、最低でも100ボルト15アンペア以上（1500ワットの電気を使っても問題ない容量）の単独回線を引いてもらうことも重要です。

コストとの兼ね合いにはなると思いますが、入居後のトラブルを避けるためにも、洗面所だけでなく、乾燥機を使う可能性がある洗濯機置き場や、台所などについても同様の確認をしておくことをおすすめします。

5 洗濯機置き場がない

古い物件では、室内に洗濯機置き場がなく、アパートの共用廊下やベランダ、庭などに洗濯機スペースを設けているケースも少なくありません。

このような場合は、迷わず、室内に洗濯機置き場を新設することをおすすめします。

たまに、「ただでさえ狭いワンルームの室内がさらに狭くなってしまうので洗濯機置き場を室内に新設するのはマイナスでは?」という声を聞きます。

しかし、「居住スペースを削ってでも洗濯機置き場は室内化した方が良い」というのが私の考えです。

理由は単純で、室内に洗濯機置き場がないと、入居希望者さんがインターネットで物件を探す際、室内洗濯機置き場「あり」を選択していた場合、その物件がまったく認知されなくなってしまうからです。そして、部屋探し中の大半の人が、室内洗濯機置き場「あり」を希望条件として選択しています。

どんなに他の部分をオシャレにしても、検索項目で除外されてしまえば、内覧に来てもらうことは不可能です。

現在は、入居希望者さんの9割以上がインターネットで物件を探す時代ですから、このような事情も考慮に入れておく必要があります。

1 洗濯機置き場の室内化は場所が重要

室内洗濯機置き場の新設手順は、洗面台の手順と似ています。

まず、洗濯機パンを設置できるスペースを探します。

通常は、浴室の隣にある洗面所（脱衣所）に設置しますが、洗濯機を置くための最低640ミリ×640ミリ程度のスペースが確保できなければ、他の場所でも構いません。

私自身の例でいうと、台所の流し台の横や、和室の押入れを一部解体して用意したスペースに、洗濯機置き場を設置したことがあります。

流し台の横に洗濯機置き場を作る場合、賃貸募集時に、「調理と洗濯を同時に行えるレイアウトで家事効率をアップできます！」とか「隣の勝手口からすぐに庭へ出て洗濯物を干せます！」といった具合にアピールすることが可能です。

また、既存の給水・排水管に近いことから、工事費の節約になるというメリットもあります。

押入れを洗濯機置き場に改造する場合、給排水管は建物の外側へ出して露出配管にすればコストを抑えられます。

「ふすまを閉めれば、来客時に散らかりがちな洗濯機周りを簡単に隠すことができます」などと、入居希望者さんへ物件の長所としてアピールするのもいいでしょう。

ポイントは、なるべく、「洗濯物が発生する場所」または、「洗濯物を干す場所」の近くに洗濯機置き場を設置することです。

家事がしやすい物件は、長く住んでもらえる確率も高くなります。是非、物件の状況に合わせて試行錯誤していきたいところです。

②洗濯機「パン」を設置しない手も

洗濯機置き場に「パン」を設置しないという選択肢もないわけではありません。

個人的にはあまり好きな方法ではありませんが、最近は賃貸だけでなく、分譲でもこのような仕様が増えてきました。

このプランの一番のメリットは、スペースを取るパンがないために、室内が広く見えるということです。

広く見えるのは洗濯機を設置する前だけですが、入居募集を行う際は、洗濯機はありませんので、部屋が広く見えることはメリットではあるといえるでしょう。

また、細かい話ですが、洗濯機パン自体のコスト（5千円程度）を節約できるという効果もあります。（排水用の金物とオートストッパー水栓は必要です）。

この方法のデメリットは、万一の漏水トラブルの際、室内へ直接汚水が流れ出してしまうこと、そして、入居者さんが洗濯機を設置する際、排水金物と洗濯機の位置関係によっては、洗濯機をかさ上げするための部材（2千円程度）が必要になることくらいでしょうか。

現実的には、引越し屋さんか電気屋さんが洗濯機の設置を行うでしょうから、特に入居者さんの手間が増えるということもないと思います。

6 都市ガスが供給されていない

「検討中の物件に都市ガスが供給されていないのですが、購入しても問題ないですか?」という質問をいただくことがあります。

「まったく問題ないと思いますよ」というのが私の回答です。

このような質問の背景には、都市ガスが供給されている物件の方が、そうではない物件よりも資産価値が高いというイメージがあるのだと思います。

しかし、ボロ物件投資は、家賃という名のキャッシュフローを継続的に生んでくれる物件を、可能な限り低価格で取得・運営していくということが肝になります。

そのとき、物件の資産価値はほとんど関係ないのです。むしろ、資産価値が低い方が、固定資産税等を抑えられて好都合といえます。

都市ガスが供給されていないなら、それを価格交渉の材料にして、物件の取得価格を下げるように努めましょう。

都市ガスが供給されていないから検討から外すなんて、論外だと私は思います。

1 もともとLPガスが導入されている場合

都市ガスが供給されていないボロ物件では、LPガスを使用しているはずです。そのような場合、まずは、既存のLPガス会社さんへ連絡を取り、「新しく物件を取得した＊＊と申しますが、ガス供給の契約を検討したいので、現地で打ち合わせをさせてもらえませんか？」とアポイントを取りましょう。

物件が空家になってから時間が経過していることもあるので、まずは現地を確認してもらい、設備の状況等を把握してもらうことが大切です。

それが終わったら、3点給湯化や、給湯器のメンテナンス契約等について、担当者と条件交渉をしていけば良いと思います。

条件面で納得できれば契約をすれば良いですし、納得できない場合には、他のガス会社さんに面談を申し込み、再度、検討することを繰り返せばいいだけの話です。

2 もともとオール電化の場合

築古であるにもかかわらず、既にオール電化の設備が導入されている場合には、ＬＰガス会社が使えない場合があるので、注意が必要です。

鉄筋コンクリートマンションに多いのですが、区分所有の場合、管理規約によって1室だけ勝手にＬＰガスへ変更することが禁止されているのです。

また、消防法の規定で、そもそもＬＰガスを導入できないという物件も存在します。

私の所有する区分マンションで、給湯器を設置するスペースが屋内にしか付けられない構造のものがあったのですが、「一酸化炭素中毒の危険がある」という理由で、その建物には給湯器の設置が認められていませんでした。

そのため、物件購入後、やむをえず、コスト面でメリットの大きいＬＰガスではなく、電気温水器など割高な初期コストが必要なオール電化を導入したということがありました。

7 テレビアンテナがない

物件購入前に調査しづらい項目の一つに、テレビアンテナがあります。

ポータブルの液晶テレビとケーブルを持ち込み、室内のテレビアンテナの端子につないで映り具合を見るという方法も物理的には可能ですが、他に様々な検討項目がある中で、実際にそれをやるのはあまり現実的とはいえないでしょう。

スマートフォンや携帯電話のテレビ用アンテナを伸ばして、アンテナ端子の金属部に接触させ、映り具合の変化を確認するという方法もありますが、確実性から見ると、あまりおすすめはできません。

では、どうすればよいのかといえば、テレビアンテナの状況については最初から確認を取らず、「テレビが映るという保証がないこと」を売り主様との価格交渉の材料の一部にします。

その上で、物件購入後はケーブルテレビを導入すれば、アンテナの有無にかかわらず、テレビを見ることが可能になります。

1 地上波のみケーブルテレビ会社に導入してもらう

いきなり結論ですが、賃貸物件のテレビアンテナは、ケーブルテレビ会社さんにお任せするのが良いというのが私の考えです。

最大の理由は、コストの安さです。

最初に工事費として8千円〜2万円程度を支払い、その後は毎月525円程度（地上波のみ）の視聴料を支払うだけで、安定した画質の地上波を継続的に供給してもらうことができます。

毎月の視聴料については、賃貸借契約書で「入居者負担」にすると取り決めておけば、大家の実質的な負担はありません。

最初の工事費も、運よくケーブルテレビ会社さんのキャンペーンで減額や無償となっている時期にお願いすることができれば、さらにコストを抑えられます。

この方法だと、もしもテレビ周りのトラブルが発生した場合にも、入居者さんの対応はケーブルテレビ会社に任せることになるため、手間もかかりません。

補足ですが、ケーブルテレビに加入した後は、建物の屋根等に設置されていた古いアンテナを撤去することをおすすめします。台風時などのトラブルを未然に防ぐ効果が期待できるからです。

2 マルチメディアコンセント化する

物件によっては、テレビアンテナの端子が室内の壁面に設置されていないことがあります。何も考えずに、「この物件に地上波を供給してください」とケーブルテレビ会社さんに工事を依頼すると、彼らは迷わず、エアコン用のスリーブ等を通じて室内へテレビアンテナのケーブルを引き込みます。

しかし、これは美観上、好ましいとは言えないので、何らかの対策を取る必要があります。

私のおすすめは、ケーブルテレビの工事を行う前か同じタイミングで、電気職人さんへ「壁面にマルチメディアコンセントを設置してください」と依頼する方法です。

マルチメディアコンセントとは、壁面にある電気のコンセントとテレビアンテナや電話の端子などを一緒にしたもので、最近の新築物件では当たり前の設備となっているものです。

この工事は、配線を壁の中に隠匿しているため、見た目がきれいです。

もし、繊維壁や土壁からクロス壁へ変更する工事があったり、クロスの貼り換えをしたりする場合には、この工事を同時に行ってしまうと効率的です。

どこにつけるかについては、リビングや寝室など、入居者さんがテレビを設置しそうな場所に1～2カ所程度、費用対効果を考えながら設置するといいと思います。

3 「BS・CS放送」「高速インターネット」「格安電話」完備の物件としてアピール

ケーブルテレビ会社さんに地上波を供給してもらうもう一つのメリットが、BS・CS放送や高速インターネット、割安な価格の固定電話等を、入居者さんへ有料オプションとして提供できるという点です。

これは、ケーブルテレビ会社の営業マンさんに、「将来の入居者さんへオプションの案内をしたいので、パンフレットと価格のメニューを用意してもらえませんか?」と依頼します。

するとたいていの場合、会社で用意している総合パンフレットと有料放送の番組表、そして、その物件で提供可能なサービスと価格をまとめたA4用紙1枚程度のチラシを準備してくれます。

これらを、入居募集時の室内に掲示しておけば、入居希望者さんに、BS・CS放送・高速インターネット等に対応した物件として、自分の物件が認知されやすくなります。

こういった取り組みは本来、入居者さんが自発的に調べて、ケーブルテレビ会社等へ問い合わせを入れ、加入手続き等を行うべきものです。

しかし、あえて、大家の方でそれらの作業を先回りして準備することで、入居希望者さんの物件に対する印象アップにつなげることができるのです。

第５章
競合物件と闘う
～低価格で物件をリファインする（バリューアップ）する～

前の章では、マイナスをゼロにすることで、ボロ物件を賃貸物件として最低限のラインに底上げするためのリフォーム術を紹介しました。

この章では、そこからもう一歩進んで、お部屋探し中の方に、「この物件、ちょっとステキ」『どうせ住むなら、オシャレなこの部屋にしたい」と思ってもらえるようなリフォームを紹介します。

我々、大家はあまり気付かないものですが、たくさんの部屋を見ている内覧者は、それぞれの物件の設備の新しさや、部屋のデザイン性にとても敏感になっています。

もちろん、投資ですので過剰なサービスは避けるべきですが、退去後のリフォームのついでがあったときなどに、少しずつ物件の壁紙や設備等をオシャレに変えていくことで、その部屋のバリュー（魅力）が上がります。

その結果、次章の募集ノウハウを使う以前に、物件の魅力だけで競合物件との入居者獲得合戦に勝利していきますし、うまくいけば家賃アップすることも可能になります。

私はこのような、ちょっとした工夫でボロ物件をステキに見せる工夫を「リファイン」と呼んでいます。

それでは、私が実践している「リファイン」術をご紹介していきます。

1 壁紙

玄関から廊下を通ってLDKへと至る一連の動線に、
腰壁調の壁紙を採用。

① 玄関・廊下・LDK

入居希望者さんの第一印象に大きな影響を与える玄関から廊下を通ってＬＤＫに至る一連の導線には、腰壁調の壁紙を使うことをお勧めします。

ありきたりな白一色の壁紙にはない高級感と落ち着いた雰囲気を安価で演出することができます。

職人さんかリフォーム会社さんに対して「床から90センチのみサンゲツのＲＥ－＊＊＊を使ってください」と伝えるだけで済みます。

アクセントクロスでモダンな印象に。

②寝室・書斎

寝室や書斎にはワンポイントのアクセントクロスを使用することをお勧めします。

写真の例では、部屋のドアを開けた真正面の壁にクロスを張っています。

床面は元のカーペットを廃止しテラコッタ調のＣＦを導入しています。

スポットライトとフロア照明を併用するとより効果的です。

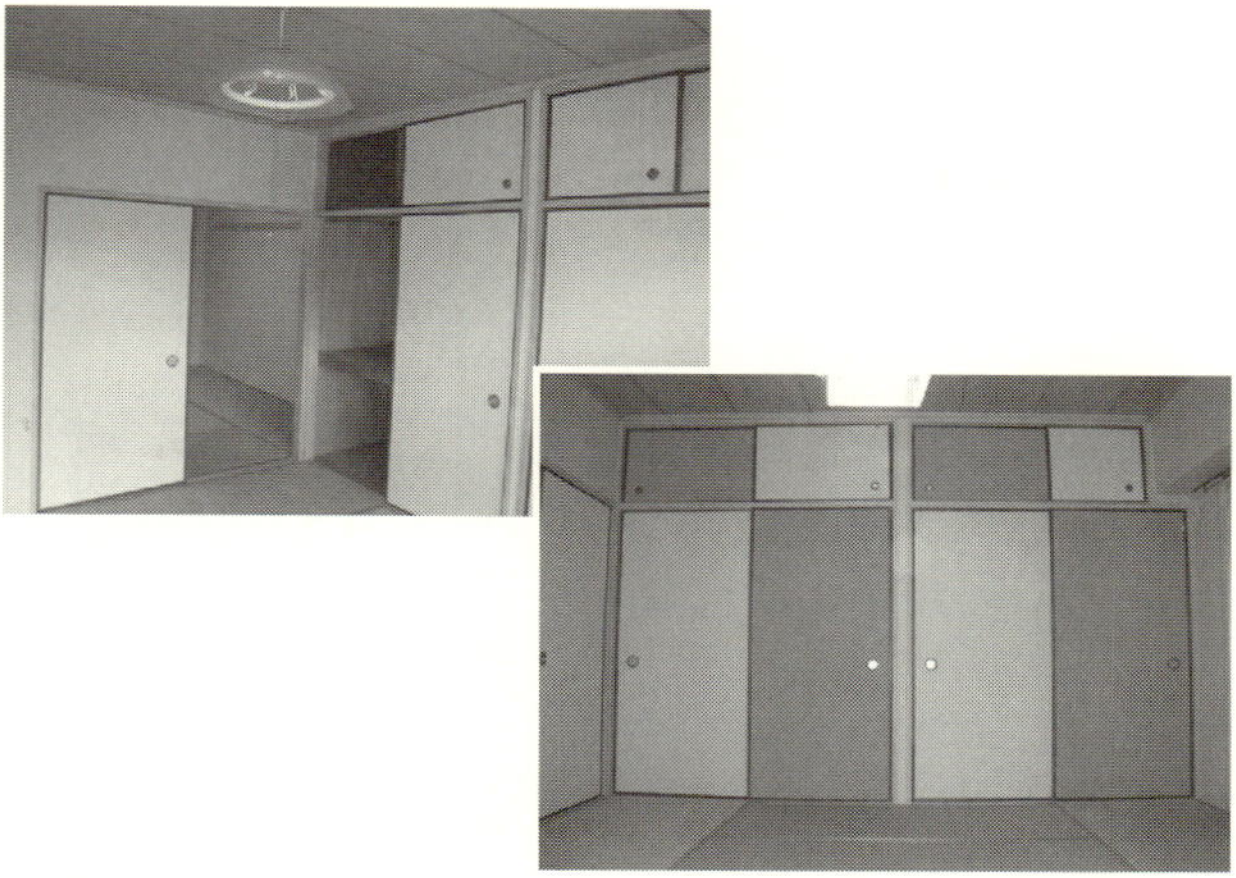

ふすまにアクセントクロスを施工し、デザイン性とコスト削減を両立。

③和室

通常、ふすまは「ふすま紙」を貼るものですが、コスト削減とデザイン性追求の観点から、壁紙を施工してしまうことをお勧めします。写真の例では、壁紙や畳はそのままで、「ふすま」のみ張り替えを行っています。

ふすまの左右で色を変えてみるのもお勧めです。

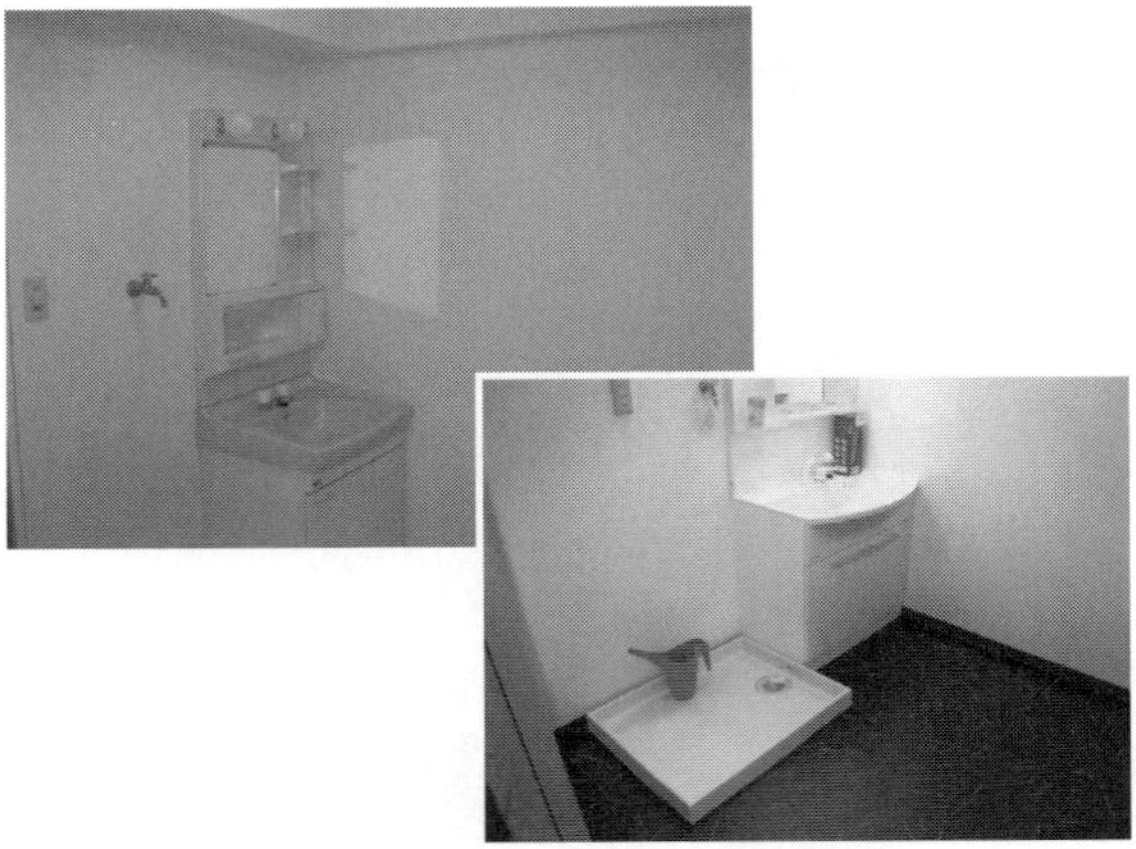

白と黒のコントラストが水回りに清潔感とデザイン性を与えてくれる。

④洗面所

写真の例では、壁紙はそのままで、床面のみ御影石調のクッションフロアーを導入しています。

水回りは清潔感を訴求するため壁面はあえて白色のままにする一方で、床面を黒色にするとコントラストが出て、全体が引き締まった印象になります。

床面が黒いと髪の毛などが目立ちにくいというメリットもあります。（床ＣＦ：マルキーナ）

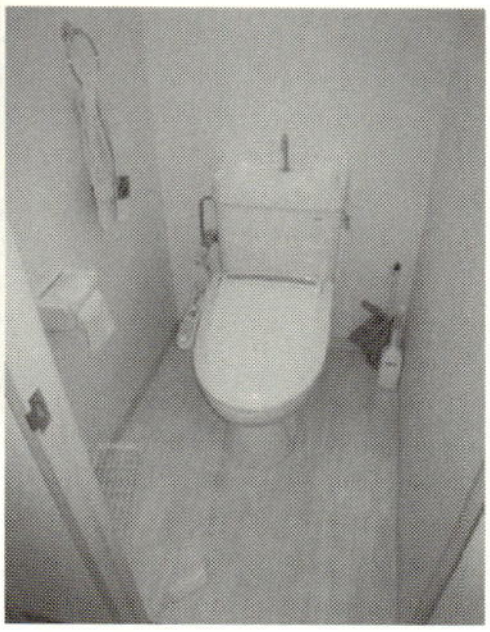

トイレがキレイな物件は入居も決まりやすい。

⑤トイレ

洗面所同様、白と黒のコントラストを演出することで、清潔感とデザイン性の両立を図ることができます。

ドアを開けて正面の壁のみ、銀のアクセントが入った黒地の壁紙を選択しています。

床面も洗面所同様、御影石調のＣＦです。

2 キッチン

ステンレスタイプのワンレバー水栓。
長崎のコメリで3980円の特売品を大量購入した。

①ワンレバー水栓化

水回りをオシャレで清潔に保つことは、物件の入居率を高める効果的な方法の一つです。中でも、一番目に付きやすい水栓金具がオールステンレスのワンレバータイプだとキッチン全体が引き締まって見えます。汎用品であれば5千円～1万5千円程度で購入可能です。

ポイントは、廉価版の「一部にプラスチック部品を使用したタイプ」は避け、フルステンレスの水栓を使用することです。

取り付け工事は、リフォーム会社さんに依頼する場合1万円～1万5千円程度、職人さんへ直接依頼した場合は5千円程度で取り付けてもらえます。

工具と時間さえあれば自分で取り付けることも可能です。

②扉面ダイノックシート

流し台の扉面に、ダイノックシート（カッティングシート）を貼るのもお勧めです。

低価格で、流し台を新品に入れ換えたような見た目上の効果を得ることができます。

幅1700ミリ程度の流し台であれば、職人さんへ直接依頼して、シート代込みで1万5千円程度で施工してもらえるはずです。

③排水口

細かいテクニックですが、流し台の排水口に設置されている「ふた」「菊割れゴム」「バスケット」を新品に交換してしまうと良いでしょう。

ホームセンター等で、それぞれ数百円程度で販売されていますし、銀イオンや漂白剤で汚れにくい加工がされているものなど様々な選択肢があります。

ＰＯＰでその効能をアピールするのも効果があります。

3 浴室

①壁・床・天井

ユニットバスの場合、壁面にダイノックシートを貼ると内見時の印象が劇的に向上します。流し台にも使用したダイノックシートですが、浴室専用のシートが発売されていますのでダイノックシートを施工できる職人さんか、リフォーム会社さんに相談すると良いでしょう。

職人さんに直接依頼した場合、大体2万円程度（シート代別）で施工してもらえるはずです。

ボロ物件など、古い在来工法の浴室の場合、凹凸面に対応したタイル用のダイノックシートを施工するか、大工さんに依頼して壁面にバスパネルを貼り、塗装職人さんへ依頼して床面に防水用の塗料を塗布すると低価格で美しく仕上げることができます。

単水栓から、サーモスタット付き混合水栓へ変更。

防水塗料を塗る際は、滑り止め効果を出すために砂を少し混ぜると良いでしょう。

②サーモスタット水栓化

キッチン同様にオールステンレスタイプのサーモスタット付き水栓を導入すると良いでしょう。

ボロ物件の場合、サーモスタット付き混合水栓をつけることで、浴室内に給湯器のリモコンを設置しなくて済みますので、コスト削減につながります。

③シャワー&シャワーフック交換

シャワーヘッドやシャワーフックが古い場合、ステンレスタイプの新しいものに交換することで浴室全体のイメージを向上させることができます。

高級ホテルのようなマッサージ機能の付いたシャワーヘッドがホームセンターやロフト・東急ハンズなどで数千円で販売されていますから、交換しない手はありません。

比較的高価格帯の物件であれば、シャワーフックの代わりにシャワーバーを導入したり、通常のシャワーとは別にレインシャワーを導入しても良いでしょう。

④タオル掛け&鎖付きゴム栓

細かい話ですが、浴室内のタオル掛けや浴槽の鎖付きゴム栓なども新しいものに交換すると良いでしょう。

特に、錆が出ている場合などは交換必須です。それぞれホームセンター等で数百円～数千円で販売されています。

クロス、便座、ペーパーホルダーなど、安価でバリューアップ可能なポイントは多い。

4 トイレ

①温水洗浄便座導入

内覧時、トイレの印象を向上させる最も効果的な方法は「温水洗浄便座」を導入することです。

温水洗浄便座自体は、アマゾンで1万4千円程度（全国送料込み）で販売されている【パナソニック製CH931SPF】がコストと性能のバランスが最も高い（2018年1月現在）と思います。

洋式便器とコンセントがある物件なら、簡単な工具を準備すれば、自分で取り付けることも可能です。

職人さんやリフォーム会社さんへ依頼した場合は、７千円程度で工事してもらえると思います。

②便座・便座のフタ交換

湿気の問題で、温水洗浄便座を導入できない３点ユニットの場合は、便座と便座のフタだけでも交換すると良いでしょう。

デザイン性を重視した木製や金属製のものが、ＩＫＥＡやホームセンター等で多く販売されていますから最適なものを選択してみてください。ＴＯＴＯやＩＮＡＸの純正のものでもいいと思います。

③トイレットペーパーホルダー交換

意外と見落としがちなのはトイレットペーパーホルダーです。ＩＫＥＡ等で販売されているオシャレなステンレス製のものを導入しても良いのですが、私のお勧めは、【ＴＯＴＯ製ＹＨ６５０】です。

トイレットペーパーを２つ同時に取り付けられるため使い勝手がよく、小物を置くことができる棚もついているので、例えば、造花を置いておくだけで内覧時のモデルルーム化も簡単に行えます。

④手洗い吐水口&洗浄ハンドル&取り付けボルト&化粧キャップ交換

細かい話ですが、トイレのロータンク部分に設置されていることが多い、手洗い吐水口の水栓【TOTO製TSY721BN 等】が緑色にさびている場合なども、新しいものに交換することをお勧めします。

同様に、水を流すレバーハンドル部【TOTO製THY425－3R等】や、便座を床に固定しているボルト【TOTO製TDY53DN等】の頭からサビが出ている場合にも新品に交換すると良いでしょう。

これらの部品は、メーカー違いや型番違いの似た部品が多く存在しますので、実際に購入される場合は、すでにある設備との適合性を確認しから注文することが大切です。

特にトイレは、僅かな汚れや古さが残っているだけでも、入居希望者さんに敬遠される要因となりやすいため、手を抜かずにしっかりと対処しておく必要があります。

5 洗面所

①シャンプードレッサー導入

内覧時、洗面所において、最も目につきやすい設備機器はシャンプードレッサー（洗面台）です。

所有物件の空室に、幅60センチ以下で、ツーハンドル水栓の古めかしい洗面台がついている場合は、新しいシャンプードレッサーに入れ替えることをおすすめします。

私のおすすめは、幅75センチもしくは90センチの廉価タイプのシャンプードレッサーです。パナソニック・イナックス・ハウステックなど多くの選択肢があり、機器の価格自体は、ネットで2万7千円～3万5千円（全国送料込み）程度で入手可能です。

また、イケアでも、デザイン性に優れた洗面台が多く販売されていますので一度チェックしてみるといいと思います。

取り付け工事は、水道屋さんにお願いして1万円（古い洗面台の取り外し・産廃処分な

ハウステック製750ミリ幅シャンプードレッサー。

しの場合）～1万5千円程度だと思います。

ただし、この工事のためだけにスケジュールを空けてもらった場合は、割高になることが多いので留意しておきましょう。

②洗濯機パン交換（導入）

同様に、洗濯機パン（洗濯機を置く台）が、黄ばんだり、損傷したりしている場合等は、新しいものに交換するのが良いでしょう。新しい洗濯機パンは、遠目で見てもハッキリと分かるくらい真っ白で美しいものです。

洗濯機パンを交換する際は、必ず「トラップ」という部品も一緒に交換するようにしてください。

洗濯機パン（64センチ×64センチ）とトラップ（トラップには「横引き」と「縦引き」

フルステンレスタイプのオートストッパー水栓。
洗濯機回りが引き締まった印象に。

タイプがありますので注意してください）は、セットで5500円～7000円程度（全国送料込み）で販売されています。

交換作業は、水道屋さんにお願いすると良いでしょう。5千円程度で取り付けてもらえるはずです。（ただし、この作業のみ単独で発注する場合は割高になるのが通常です）

③洗濯機用オートストッパー水栓導入

洗濯機パンを交換したら、その上部に必ず設置されている洗濯機用水栓も更新することをお勧めします。

オートストッパー水栓を導入すれば、不意の水漏れ事故を防止できる上、水栓金具自体が旧来のものと比較してモダンで美しいので、デザイン面でも競合物件に対して有利になります。

オートストッパー水栓自体の価格は、ホームセンター等で２８００円～７０００円程度まで多くの選択肢があります。

取り付け工事は、軍手と防水テープがあれば自分でもＤＩＹで5分～10分でできます。水道屋さんに頼んだ場合には３０００円程度で取り付けてもらえると思います。

空きスペースに、棚板の間隔を変更できるタイプの収納棚を新設。

④収納棚設置

洗面所に限ったことではありませんが、空きスペースがあれば収納用の棚を設置することをお勧めします。

イケア等で販売されている、ガラス製や木製の棚を複数取り付けても良いですし、値段が合えば、大工さんに依頼して、オーダーメイドで棚板から作成してもらうのもいいでしょう。

6 電気

①スイッチ／コンセント

所有物件をリフォームした際、せっかくコストをかけて壁紙や床材を新調したのに、最後に、部屋全体を俯瞰してチェックしてみると、

「以前よりキレイにはなったけど、やはり新築みたいにはならないな」

「うーん。どこか古めかしいなあ」

と感じることがあるものです。

その原因の一つが、古いままのスイッチ／コンセントプレートです。

これらのスイッチ類は、入居希望者さんの目につきやすい位置に設置されているケースが多いため、少しでもプラスチック部分に手あかが付いていたり、経年劣化で黄ばんだ状態になっていたりすると、それだけで部屋全体のイメージが悪くなってしまいます。

パナソニック製のコスモワイド21。
スイッチコンセントを組み合わせることもできる。

私はそのようなとき、パナソニック製の「コスモワイド21」シリーズ等の幅広タイプのスイッチ類に交換します。

スイッチが大きく操作性に優れていますし、見た目もモダンなので、部屋全体のイメージを向上させてくれます。

コストも20平米程度のワンルームであれば、既存のスイッチとコンセントを全て更新し、更にトイレに温水洗浄便座用のコンセントを新設しても、2万円前後で収まるケースがほとんどです。

50平米程度の2DKであれば、トイレの増設を含めて3万円強くらいになると思います。(電気職人さんへ直接発注した場合、部材費込の価格です。この作業のみ単独で発注する場合は割高になる可能性が大です)

②録画機能付テレビモニターホン

スイッチ類の次に効果的なのは、テレビモニターホンの導入です。

私がお勧めするのは、録画機能付きのハンズフリーテレビカラーモニターホンです。

例えば、パナソニック製のＶＬ－ＳＶ３８Ｘ等は、楽天等で検索すれば送料込みで1万3千円程度で購入でき（２０１８年1月現在）、電気職人さんへ依頼すれば、既存の配線を活用できる場合、3千円程度で取り付けてもらえます。

わずか1万5千円の出費で、所有している物件に、「録画機能付きのインターホンが導入されたセキュリティ対応住宅」という付加価値を追加することができるのですから設置しない手はありません。

入居募集時に「録画機能付インターホン」ということをＰＯＰでアピールすればなお効果的だと思います。

自動録画タイプのインターホンは、特に女性の入居希望者さんへのアピール材料となる。

③照明&センサーライト

玄関や廊下、洗面所、流し台の手もと灯、浴室灯なども、新しいものに交換してしまうことをお勧めします。

せっかくの機会ですから、玄関やトイレについてはセンサー照明化してしまうのもいいでしょう。

パナソニック製の「かってにスイッチ」を電気職人さんへ施主支給し取り付けてもらうのも良いですし、コストを抑えたい場合は、後付の人感センサーを取り付けるという方法もあります。

7 外壁塗装

物件の価値を上げるもっとも簡単な方法は外壁塗装を行うことです。

築40年を過ぎたボロ物件であっても、外壁塗装を行うだけで、建物を俯瞰した際の印象が大きく向上します。

外壁塗装を行う際のポイントは、「少し派手かな?」というくらいの明るい色を思い切って採用することです。

私も自分の物件で、アパートを濃いオレンジ色に塗装したり、黒の外壁にアクセントカラーとして赤を入れたりしたことがあります。派手さが古さを隠してくれるのか、入居希望者さんを案内するといつも次のような反応が返ってきます。

「あー、オシャレですね」

「この物件が築30年なんですか? 思っていたよりキレイなので驚きました!」

それでは施工する際のポイントをご紹介していきます。大きく3点です。

①重ね塗り

1つ目は、必ず下塗りを含めて複数回、できれば3回以上の重ね塗りをしてもらえるよう職人さんまたはリフォーム会社さんへ依頼することです。

職人さんの立場で考えると、仕上がり直後の見た目はほとんど変わらないのに、わざわざ3回塗りを行うということは、1回だけの場合と比べて3倍の手間とコストがかかってしまうことになります。

プライドを持った職人さんは黙っていても当然のように複数回の塗装を行ってくれますが、中には、「見た目が変わらないならなるべく簡単に済ませてしまおう」という職人さんやリフォーム会社さんがいても不思議ではありません。

特に厳しいコストダウンをお願いしている場合などは、この傾向が顕著に現れます。

このあたりの管理をしっかりと行うことが、物件を長持ちさせることにつながっていきます。

②足場

2つ目は、足場の施工についてです。

2階以上の建物を塗装する場合は、足場が必要になってきます。そして、外壁塗装のコストは、この足場代が意外に高い割合を占めています。

物件にもよりますが、全体の3割程度の場合もあれば、トラックが入らない階段立地等の場合、7割程度が足場代というようなケースも考えられます。

つまり、「足場代をいかに抑えるか?」が外壁塗装のコストダウンの成否を握るともいえるのです。

例えば、アパートやマンションなどの場合、通常の「踏板の付いた」タイプではなく、コストを抑えられる「単管」タイプの利用をお願いしたり、戸建など小規模な建物の場合は、そもそも足場を組まず脚立で施工してもらうよう交渉するなどの方法が考えられます。

③条例

3つ目は、景観法や各市町村の条例等に抵触しないかどうか? を確認することです。

例えば以前に、「長崎市が発注した市役所庁舎の外壁工事において基準外の色を用いていることが発覚した」という問題が全国報道されていました。

このようなことからもわかる通り、外壁を塗装する前には必ず、物件所在地の市区町村の担当部署へ「この色調で塗装して問題ないか?」について確認することをお勧めします。

8 室内塗装

①室内木部塗装

「せっかくリフォームしたのに、なぜか古めかしい印象が消えないなあ」と感じることがあるものです。

「築20年を超えてきたから仕方がないのかな・・」

「コストをかけられないから大規模なリフォームはできないし・・」

上記のように考える前に、一度、室内の木部塗装を試してみるといいでしょう。

ペンキと刷毛さえあれば、ＤＩＹすることもできますし、塗装職人さんやリフォーム会社さんへ発注してもいいと思います。

物件にもよりますが、築20年を超えたボロ物件の場合、白もしくはクリーム色等の明るい色のペンキで木部を塗装すると、入居希望者さんが室内へ入った際の印象を劇的に向上させられます。

築年数の新しい物件や、高級物件の場合は、こげ茶色等の濃い目の色を選択してもいいと思います。濃い色調が高級感を演出してくれるからです。

室内塗装は、外壁を塗装するのとは異なり、大規模な足場を用意する必要がなく、また天候に左右されず自分のペースでじっくりと作業することが可能ですから、ＤＩＹ初心者の方にもお勧めです。

②クロス塗装

原状回復のためにクロスを貼り替える代わりに、塗装を行うという選択肢もあります。これは古いクロスの上から直接、ローラーや刷毛でペンキを塗るという方法です。

クロス用ペンキというものが販売されていますし、場合によっては、通常のペンキでも問題ないと思います。

「塗りやすい広い面はＤＩＹで塗装し、形状が複雑で塗装しにくい面やアクセントクロスを使いたい面などは、職人さんへクロスの貼り換えを発注する」というような使い分けをしてもいいでしょう。

クロスを貼り変えるよりも、コストを抑えられるというメリットがあります。

第６章
空室と闘う
～常時「選ばれる」仕組みをつくる～

1 入居者像をイメージし、物件のコンセプトを決める

ボロ物件投資に限らず、不動産投資を行う上で、「この物件へ入居する入居者さんはどんな人だろう?」ということをイメージしながら物件を作り込んでいくことはとても重要です。

単身者向けのワンルームアパートにファミリー向けの設備を導入しても意味がありませんし、その逆もまた然りです。

どれほど安い価格で物件を仕入れても、工夫を重ねてリフォーム代を抑制しても、入居者さんに物件を選んでもらえなければ、投資としては何の意味もありません。

ですから、物件を購入するときや、物件をリフォームする時など、常に「この物件に住む入居者さんはどんな人だろうか?」という点を意識することが非常に大切なのです。

1 物件購入時

物件を購入する前に不可欠なこと。それは、物件の近くにある賃貸仲介さんへのヒアリングです。間違っても、検討中の物件の売買仲介さんと自分の意見だけで、結論を出してはいけません。

「A町のBという物件に客付けしてもらうことは可能でしょうか?」
「何カ月くらいで入居決定できそうですか?」
「どんな入居者さんが決まりそうですか? 単身? ファミリー? 学生さん? 社会人? 職業は?」

このような質問を物件近隣の数軒の賃貸仲介さんへ、訪問もしくは電話でヒアリングしてみてください。

ポイントは、個人の店舗や大手チェーンの店舗、そのエリアで有名な準大手の店舗といった具合に、満遍なく幅広い営業マンの意見を求めることです。

「あの物件なら、何度かご案内したことがありますから、今後も入居決定できると思いますよ。ただし、室内が古めかしいので、現状のままでは、主なターゲットである近隣の専門学校生に敬遠されそうです。できれば、若者受けするリフォームをしてください」

「近隣の専門学校は看護学校なので、どちらかというと女性受けするデザインが良いと思います」

「実は、現在の大家さんが広告料を払ってくれないので積極的に扱ったことはないんです。でも、最低1カ月分の広告料をいただければ、充分決められると思いますよ」


などと具体的な情報を得られることも珍しくありません。

こうして得られた情報を元に、物件のコンセプトやリフォーム内容、リフォームに必要なコスト等を算出していきます。

2 リフォーム時

ヒアリングで得た情報をもとに、物件のメインターゲットを、「近隣の専門学校に通う学生さんで、年齢は18歳〜20歳。男女比は2対8で女性の方が多い」と設定するとします。

そうすると、物件をリフォームする際のポイントとして、例えば、下記のような事柄が浮かび上がってきます。

・壁紙や床材は女性受けするデザインを多めに設定する（男性も2割は存在するので、男性向けデザインの部屋もいくつか用意する）
・洗濯機置き場が室内にない場合は、必ず室内に設置する
・洗濯物を人目に付かない場所にも干せるよう、室内に「ホシ姫サマ」を用意する
・実家のご両親にもご安心いただけるよう、鍵は防犯性の高いティンプルキーにする
・共用部に防犯カメラを設置し「防犯カメラ監視中」の張り紙を掲示する

他にもいろいろと注意点はあります。

ただ「普通の部屋」を作るよりも、住んでほしい人に選ばれる部屋という意識を持ってリフォームする方が、格段に早くお申し込みをいただくことができるはずです。

2 競合調査を行う

物件のコンセプトを決める際のもう一つ有効な方法として、競合物件の調査が挙げられます。競合調査とは文字通り、自分の物件と似た間取り・賃料等の近隣の物件を調査するということです。

方法は簡単です。近隣の賃貸営業マンさんへ、「私が購入検討中の物件と似た間取り・お家賃の物件を見学させていただけませんか?」「競合調査をしたいので、近隣の人気物件を見学させていただけませんか?」と率直にお願いしてみるだけです。

営業マンさんから見れば、案内しても成約に結びつかず余計な手間がかかることになりますが、たいていの場合、謝礼等を別途用意しておけば、承諾していただけます。少なくとも私自身は、一度も断られたことはありません。

注意するのは、なるべく大手の仲介さんに依頼するということと、営業マンさんが忙しいタイミング(土日祝日など)を避けるという点です。大手の営業マンさんに依頼する理由は、大手の方が取り扱い物件数が多いので、幅広い層の物件を見学できる可能性が高くなるからです。

競合物件を見学すると、自分の物件の優位な点や、劣っている点がハッキリとわかります。同時に、自分の物件をそのエリアの人気物件にするためのポイントも見えてきます。

例えば、競合物件に屋根付の駐輪場がないということがわかれば、自分の物件の駐輪場に屋根を新設し、「近隣では珍しい屋根付の駐輪場で大切な愛車を守ります」などと宣伝するというアイディアが浮かぶかもしれません。

また、競合物件の流し台が新品に換わっているのを発見したら、対抗措置として、自分の物件にも新しい流し台を導入したり、新型のガスコンロを無償貸与したり、浄水器をプレゼントするなどの対抗措置を取ることが考えられるでしょう。

少し話がずれますが、浄水器は2018年現在、3000円も支払えば大手メーカー製のものを購入することが可能です。余裕があるなら募集を行う全ての部屋に標準装備しても良いくらいです。まずは入居者のニーズを知り、次にライバルの状況を知ることで、自分の物件をそのエリアの人気物件に仕上げることができるのです。

3 アピールポイントを用意し、物件の長所を正しく伝える

「大家が思うほど、入居希望者さんは物件のアピールポイントを正しく把握してくれていないものだなあ」と感じることが良くあります。

考えてみれば、物件のことを長時間考え続けてきた大家と、はじめてその物件に接した入居希望者さんでは、受ける印象や知識に差が出るのは当然なのかもしれません。

ここで私が何を言いたいのか？　というと、私たちがどんなに努力して物件磨きをしたとしても、物件のアピールポイントを正しく入居希望者さんへ伝えることができなければ、何の意味もないということです。

ではどうすれば良いかというと、物件の長所を正しく入居希望者さんへ伝えられるよう、あらゆるチャンネルを駆使してアピールしていけばいいのです。

不動産投資を成功させるためには、このアピール活動、要は入居希望者さん向けの宣伝広告活動がとても重要な役割を果たします。

1 POPやラミネートを物件に張り出す

「ご成約の方へこのフロア照明を差し上げます。」等と、POPで入居者さんへのアピールを行う。

ここ数年で、賃貸物件にPOPを掲示する大家さんが増えてきました。

しかし、全体としてみれば、まだまだ少数派です。私の体感値では、全体の5%とか3%にも届かないというのが実情だと思います。

また、物件を案内してくださる営業マンさんが、自分の物件の設備やアピールポイントについて完璧に理解しているとも限りません。理解していることを、同行している入居希望者さんへ100%伝えてもらえるとも限りません。

だとしたら、大家が自分の手で、物件の魅力を入居希望者さんへ伝えるしかありません。具体的には、ホームセンター等で販売されているPOPを活用して、大家から入居希望者さんへ直接、宣伝を行うのです。

例えば、物件のインターホンひとつをとってみても、何も説明がなければ、カラーかモノクロかわからない方もいるかもしれませんし、セキュリティ機能として録画機能やボイスチェンジ機能が搭載されていることなどは、ほとんど伝わらないと考えるのが自然です。それではお金をかけた意味がありませんから、インターホンの近くに、「録画機能付インターホンでセキュリティ万全！　安心賃貸ライフをどうぞ！」などと書き込んだPOPを貼りましょう。

難しく考える必要はありません。自由なセンスで、入居希望者さんがメリットと感じられる事実を伝えれば良いのです。

2 営業マンさんを招いて物件見学会を行う

先ほどの例は、大家から直接、入居希望者さんへアプローチするという方法でした。

次に紹介するのは、入居希望者さんを連れてきてくれる不動産会社の営業マンさんに対して、大家が丁寧に物件の魅力を紹介し、物件に対する理解と愛着を深めてもらおうという取り組みです。

方法は簡単です。空室が発生したら、室内をキレイにリフォームし、照明器具や造花・POP等で飾り付けてモデルルーム化した上で、お付き合いのある賃貸仲介の店長さんへ次のようにお願いするだけです。

「空室が発生したので室内のリフォームを行いました。競合調査も行い、同一条件ではエリア内でもトップレベルの仕上がりだと思います。もしよろしければ、現地をご案内したいので、店舗の皆さんのお時間をいただけないでしょうか？」

通常、賃貸仲介さんの店舗では、営業マンの入れ替わりが激しく、店長さんは新しい営業マンの教育に苦労していることも少なくありません。

そのような店舗では、店長さんに対して、「部下の皆さんの研修の場として使っていただいてかまいませんから、私の物件を見学してみてください」と誘ってみるのも一案です。

現場で忙しい営業マンさんではなく、管理職の店長さんに依頼するというところがポイントです。

ただし、物件の仕上がりに自信が持てない場合は、普通に、「空室が発生したので客付けをお願いできないでしょうか？　もしよろしければ、物件についてアドバイスを頂戴したいので、現地を一緒に見ていただけないでしょうか？」といった感じで話を持っていった方が無難かもしれません。

3 目を引く設備機器を導入する

通常の入居募集はもちろん、営業マンさん向けの物件見学会でも役立つアイテムとして、「目を引く設備機器」を導入することをおすすめします。

わかりやすいのは、電子錠です。非接触式ＩＣカードや指紋認証・暗証番号でドアの開閉ができる電子錠は、普通のカギに慣れた人にとっては、かなりのインパクトがあります。室内に入るとき、入居希望者さんの目に必ず入るということも、プラスポイントです。

目新しさという意味だけでなく、「利便性」「安全性の高さ」といった点もアピールポイントとなるため、特に女性向けの物件にはうってつけでしょう。

また、案内を複数の賃貸仲介の店舗へお願いする場合、暗証番号式の電子錠なら、暗証番号を伝えておくだけで室内に入ってもらえますから、カギを配る手間が省け、募集依頼

暗証番号式の電子錠。

時の運用負担が軽減できるという効果もあります。

入居の際には、新しい入居者さんから暗証番号の設定料を頂戴すれば、入れ替わり時の金銭的な負担を軽減することも可能になります。

他にも、録画機能付のインターホンで安全性をアピールする、ＬＥＤタイプのシーリングライトやスポットライトを設置して電気料金を節約できるエコ物件として宣伝するなどの方法が考えられます。また、ＬＰガス会社さんの協力を得られれば、浴室にミストサウナや浴室暖房乾燥機を設置するのも手だと思います。

ボロ物件投資では、コストを抑えつつ、なるべく競合物件に負けない設備を導入しようという守りの発想になりがちです。

しかし、メリハリをつけて賃料のクラスを超えた設備を導入していくことで、頭一つ飛び抜けることができますので、その物件の人気度などを見ながら、工夫してみてください。

4 モデルルーム化

ここからは、空室のモデルルーム化について詳しく紹介していきます。

モデルルーム化とは、物件のリフォームと美装（クリーニング）が完了した後の室内に、ちょっとした家具やオシャレな小物などを設置し、入居希望者さんにより強く、その部屋の魅力をアピールしようという取り組みです。

新築分譲マンションや注文住宅の展示場などでは、普通に行われていることですが、賃貸物件では、なぜかずっと、ガランとした無機質な部屋を案内する方法が続いていました。

ずっと空室が続いていた部屋をモデルルーム化したら、すぐに申し込みが入ったということも珍しくありません。ぜひ実践して欲しい取り組みのひとつです。

1 快適性面での工夫

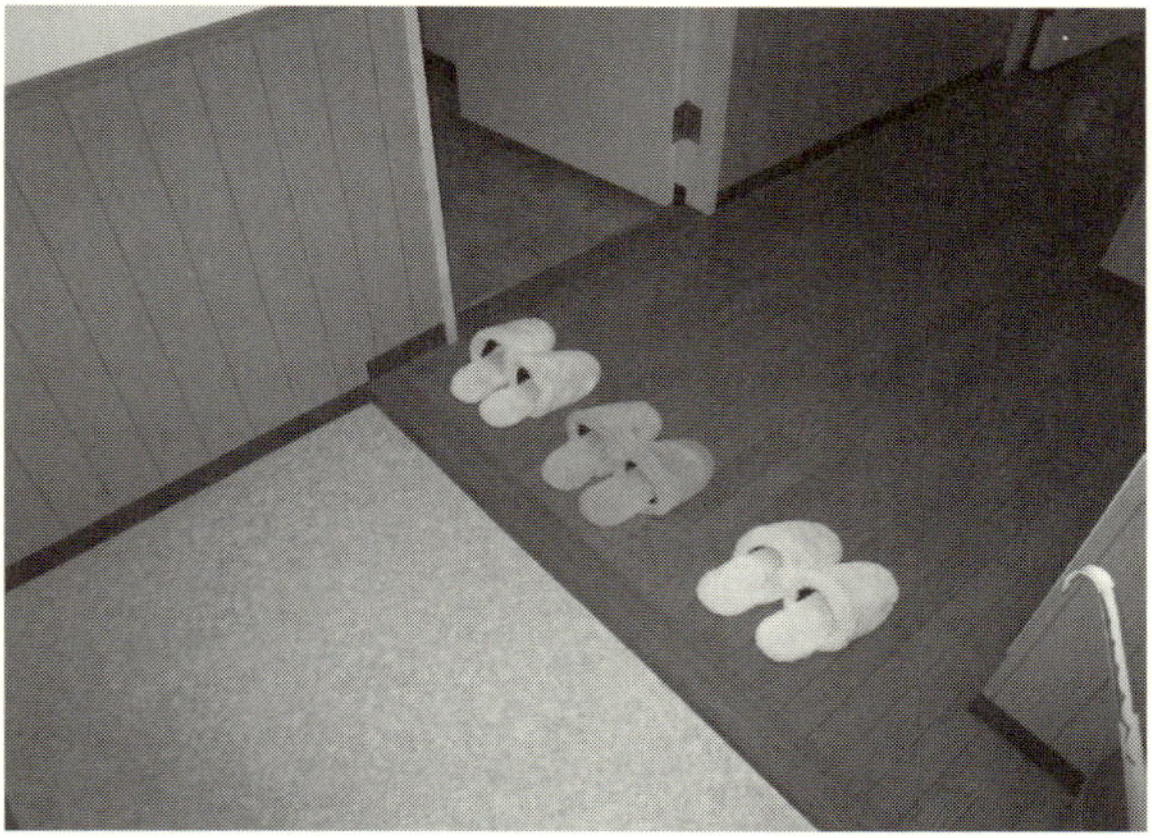

玄関にスリッパと靴べらを用意。

まずやってほしいのが、スリッパを置くということです。

ただ、スリッパを買ってきて玄関に揃えて置くだけなので、コストも手間もほとんどかかりません。それでいて、入居希望者さんへ与えるプラスの印象は、想像以上に大きなものがあります。

初めて入る物件に、素足で踏み込むのは勇気がいるものです。

「靴下やストッキングが汚れないかな？」「ちゃんと掃除されているかな？」というような不安は物件へのマイナスイメージにつながります。

また、スリッパがあることで、賃貸仲介の営業マンさんに対しても、「気配りが出来る大家だな」「ここでスリッパを用意してあるということは、この物件の他の部分も一定水準以上の仕上がりなのだろう」という印象を持ってもらえるという効果もあります。

コストと手間をかけられる場合は、スリッパの他に、手洗い用のアルコールを玄関に設置し、ＰＯＰ等で「よろしければご利用ください」などとメッセージを残しておくのもおすすめです。

芳香剤を各部屋に設置したり、あめ玉をバスケット等に入れておき、同じくＰＯＰ等で「本日はお忙しい中、当物件をご内覧いただきましてありがとうございます。ご自由にどうぞ」などのメッセージを残しておくのもいいでしょう。

また、物件の間取り図とメジャーを下駄箱の上等に設置しておき、「お手持ちの家具や冷蔵庫などが設置可能かどうか、確認する際にご利用ください」などと書いたＰＯＰを置いておくのも良い印象を与えられます。

2 デザイン面での工夫

入居希望者さんが「この部屋に住みたい」と感じるポイントのひとつに、「オシャレ」

であることがあります。

そのために効果的な方法として、クロス仕上げの壁面に、アクセントとなるプレートやタイルを貼り付けてみると良いでしょう。

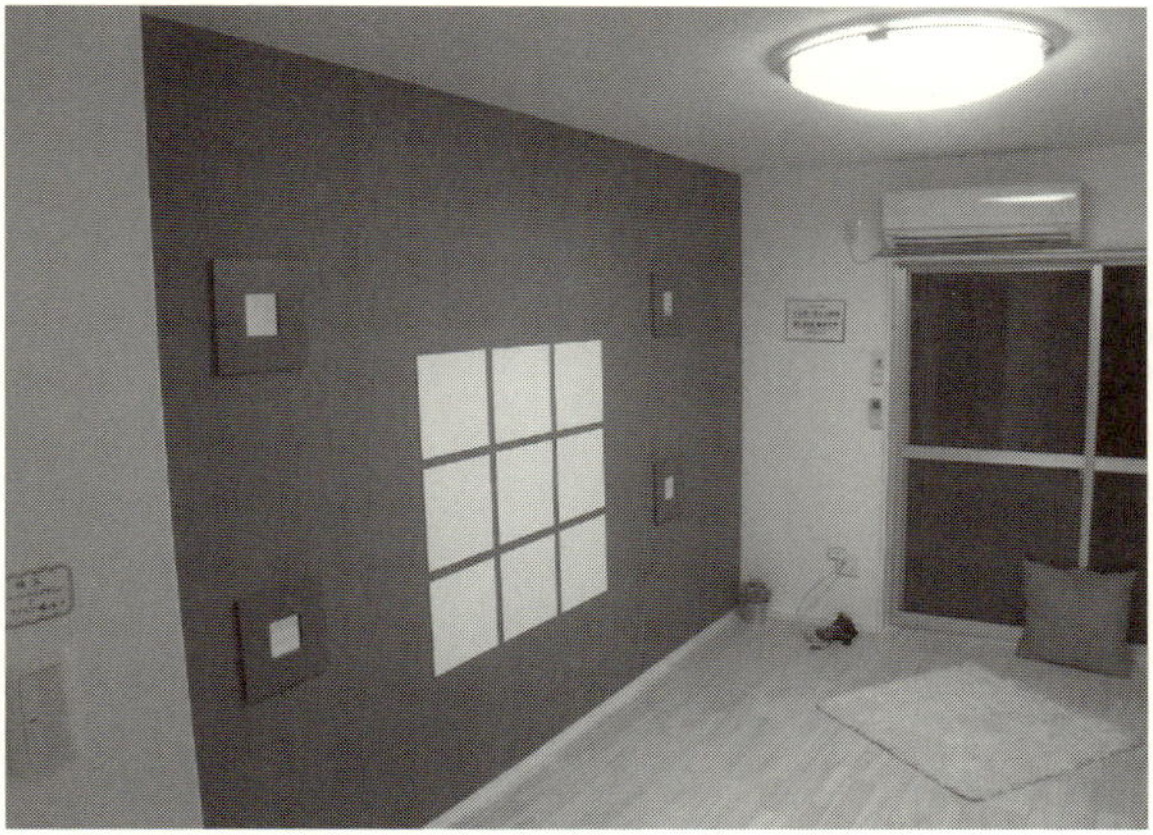
アクセントクロスとIKEAのミラー付プレート。

まずは上記の写真をご覧下さい。この部屋には、壁にクロスを貼った後、ミラー付のプレートを接着剤で貼り付けてあります（四隅）。

このプレートは、イケアで「ＭＡＬＭＡ」という商品名で販売されているもので、１枚１９９円（２０１８年1月現在）です。

黒・白・ターコイズ（緑）・ライラック（明るい紫）から、室内の色調に合わせて色を選択します。施工も接着剤や強力両面テープで貼り付けるだけですから、手間もコストもほとんどかかりません。


照明器具を室内に設置するのもおすすめです。

照明器具というと、天井に設置するシーリングライトやスポットライトをイメージすることが多いと思いますが、フロア照明を効果的に活用すると、内覧時の印象を効果的に向上させることが出来ます。

イケアの円筒形の和紙でできた照明器具。

私の例でいうと、イケアで販売されている、「FADO」という照明器具をよく使います。

これはスイカを半分に切ったようなサイズのガラス製の照明で、リビングや居室の隅などに設置しておくと、電球色の光で室内を上品に演出してくれます。

この照明の良い点は、本体価格1799円（2018年1月現在）という低価格には見えない質感の高さです。

同様に、イケアの「HOLMO」というフロア照明もおすすめです。

こちらも本体価格999円（2018年1月現在）＋50円で購入でき、高さ約120センチ・和紙製という存在感と質感が和室や、和室を洋室化した「和モダン部屋」の雰囲気をバランスよく演出してくれます。

これは照明器具に限ったことではありませんが、賃貸物件のモデルルーム化で大切なことは、「コストをかけすぎない」ということです。

コストをかければオシャレなモデルルームができるのは当たり前です。

そこをぐっと我慢して、可能な限りコストを抑制しつつ、最大限のパフォーマンスを発揮させていくのがボロ物件投資の醍醐味です。

ですから、くれぐれもコストのかけすぎには注意するようにしてください。

3 入居者へのプレゼント

浄水器やマッサージシャワーヘッドなどの備品を、入居者向けのプレゼントとして室内に設置するのもおすすめです。

あれば嬉しい浄水器ですが、価格は意外と安く、アマゾンで三菱ケミカル製のMD101-NCという機種が約3000円（全国送料込み。2018年1月現在）で販売されています。

この機種は見た目もオシャレで、ほとんどのタイプの蛇口に素人の入居者さんが自分で簡単に取り付けることができます。

シャワーヘッドの場合、ノーブランドのものなら、楽天などで1000円くらいから購入可能です。メーカー品でも、TOTO製のTHYC62という品番の3モードシャワーがネットショップで4000円（全国送料込み、2018年1月現在）程度で販売されています。

これらを室内においておき、POP等で「期間限定プレゼント！　今月中にご成約の方へもれなくプレゼントいたします！」などとメッセージを添えておくことで、一定の入居促進効果が見込めます。

三菱レイヨン製の浄水器MD101-NC。

5 広範囲に入居者を募集する

空室を磨きあげ、入居希望者を迎える準備ができたら、次はいよいよ入居者を募集します。その際に大切なのは、その部屋の存在を一人でも多くのお部屋探し中の人たちに知ってもらうように努めるということです。

いくら物件をキレイにリフォームしても、何もせずに入居希望者が殺到するようなことはまず考えられません。ですから、管理会社さんに任せるだけでなく、大家が自分自身で動くことが大切です。

ここからは、私が実際に行っている入居者募集の方法を紹介します。

1 エリア内の全ての仲介さんへＦＡＸで空室を知らせる

「一般仲介」で入居者を募集する場合は、エリア内のすべての仲介店舗を営業して入居付けのお願いに回りましょう。

とはいえ、実際に10店舗、30店舗、50店舗と営業するのは大変です。

そこで、FAXを使って簡単に仲介さんへ空室募集の営業を行う方法を紹介します。

方法さえ覚えれば、大変な作業ではありません。


具体的にどうするのかというと、まず、「グーグルマップ」や「ヤフー地図」などで所有する物件周辺の仲介さんの情報を調べます。

物件の住所を入力すると、画面の左側に周辺の商業施設がリストで表示されます。

それを「不動産」という項目で絞り込んでいくと、物件周辺の賃貸仲介さんのリストが取得できます。

同じ要領で、最寄り駅が属する路線のターミナルや主要駅にある店舗、そして既存入居者さんの職場が集中しているエリアがあれば、その周辺の店舗もリスト化していきます。

余裕があれば、自分の足でその地域を散策し、リストの精度を上げていっても良いと思います。


データの中には、賃貸仲介を行わない店舗の情報が紛れているかもしれないので、個別に調査をしてリストの精度を上げていきます。

そのようにして、仲介業者さんの「ＦＡＸ番号リスト」が完成したら、所有している物件の物件概要と募集条件（空室番号・賃料・共益費・広告料等）をＡ4用紙1枚にまとめ、ＦＡＸを使ってそれらの番号へ一斉送信していきます。

今は、パソコンと連携してＦＡＸを送れる複合機が1万円程度から販売されています。そうした機器を活用すると本当にクリック一つで、何百というＦＡＸを送信できて簡単です。

ＦＡＸの宛名は、「店長様」としておけば、その後のやり取りがスムーズになります。

ＦＡＸを送ってから数日したら、いくつかの店舗へ電話をしてみると良いでしょう。電話をかける先は、仲介力のある大手のチェーン店や、地元で複数の支店を持っているような準チェーン店がおすすめです。

その後、反応の良かった店舗については、お土産のジュース持参で直接あいさつに行くと、一歩踏み込んだ関係を築いていけるでしょう。

店舗へあいさつに行く場合は、忙しい週末を避け、平日の夕方以降に「募集条件書」「間取り図」「写真」を紙とデータの両方で用意していくことをおすすめします。

２ メイン店舗のメイン担当者を決める

ここからは、物件を購入し、リフォームが終わってからの入居募集について説明します。

仲介の営業マンさんは、日々何十、何百という物件を扱っています。2～4月の繁忙期ともなれば、朝から晩まで数え切れないほどの物件を案内するケースも珍しくありません。

そのような状況で、自分の物件を優先的に扱ってもらうためには、営業マンさんに、「このオーナーの物件を優先的に扱いたい」と考えてもらえるようにすることが重要です。

そこで大家がやることは、一人でも多くの営業マンさんにそう思ってもらえる材料を用意することです。

しかし、全員の営業マンにそう思ってもらうことは簡単ではありません。

ですから、相性のいい営業マンを見つけたら、その方と重点的にお付き合いの機会を増やし、客付けのお願いをしていきましょう。

ここでは、自分の物件を優先的に決めてもらうために私が実践している具体的な方法について紹介します。

①賃料を相場の9割～7割に設定する

これは、本書で紹介しているような「超激安価格」で物件を購入しているからこそ実現できる戦術です。

物件の賃料は、そのエリア毎に、間取りや広さ・築年数などに応じて相場があります。

通常は相場よりも高く貸すために、デザインリフォームを行ったり、高価な設備を導入したり努力するわけですが、ここではそのような手間をかけません。

実行するのはその逆、つまり、〝階段立地〟の項目でもお伝えした通り、相場よりあえて1割～3割低い金額で入居募集を行うということです。

例えば、仲介さんが「一般的には5万円で貸せます」という物件であれば、あえて3万5千円～4万5千円で募集を行うのです。

いうまでもなく、競合と同等レベル以上の物件であれば、価格が低い方が入居希望者さんを案内した際の成約率が上がります。

そして、営業マンたちは、「案内すればすぐに申し込みが入る」物件を優先的に扱いたいと考えるものです。

私の経験からいうと、賃料相場がしっかりと固まっていないケースが多い戸建の場合は相場の7割、相場が固まっているアパートの場合は9割程度の賃料を設定すると最も費用対効果が高くなります。

でも、どうしてわざわざ安くするの？　という疑問もあるでしょう。

賃料収入が減少しても、入居が決まりやすくなり、「割安でお得な物件」ということから退去も減少するため、「空室率」と「退去時の原状回復費用」を抑制できるというのがその理由です。

また、この方法で募集を行う際は、予め入居者さんと交わす賃貸借契約書において、本書巻末でご紹介する『脇田雄太オリジナル特約事項』、その中でも特に「短期解約違約金（P232）」の取り決めを交わしておくことをおすすめします。そうすることで、賃料を下げても、トータルで見れば十分なメリットを享受できることになります。

ここで簡単に内容をご説明しておきます（詳細は巻末をご覧ください）。

・・・・・・・・・・・・・・・・・・・・・・・・・・・

【短期解約違約金】

・本物件の賃料は借主が長期間の入居を約束することを前提に低く設定しているため、万が一、下記の期間内に、借主都合により本契約及び更新契約を終了する場合は以下の短期解約違約金を借主は貸主へ支払うものとする。

※短期解約違約金

①初回賃料発生日より3カ月以内の解約：賃料の6カ月分
②初回賃料発生日より6カ月以内の解約：賃料の5カ月分
③初回賃料発生日より1年以内の解約：賃料の4カ月分
④初回賃料発生日より2年以内の解約：賃料の3カ月分
⑤初回賃料発生日より3年以内の解約：賃料の2カ月分
⑥初回賃料発生日より4年以内の解約：賃料の1カ月分

私は、特約事項の内容について充分に理解・納得しました。

契　約　者：　　　　　　　　　　　印

連帯保証人：　　　　　　　　　　　印

※私のホームページ（http://wakita.in）でも、入居者さんとの契約時に役立つ「特約事項」を配布しておりますのでご興味のある方はご覧ください。

・・・・・・・・・・・・・・・・・・・・・・・・・

②敷金・礼金を下げる

この項目については説明の必要はあまりないと思います。

入居者さんが支払う初期費用が少なければ少ないほど、営業マンさんにとっては、決めやすい部屋ということになります。

ボロ物件系で私がおすすめするのは、戸建の場合【敷金ゼロ・礼金3カ月】、アパートの場合【敷金ゼロ・礼金2カ月】です。

敷金も礼金もゼロという物件が増えている昨今、強気に感じるかもしれませんが、私は毎月の家賃を安くして募集する方法を選択しているので、このくらいの礼金を設定しても、入居者さんにとって十分にメリットはあるのです。

その代わり、敷金はいただきません。

将来返金しなくてはいけない敷金を預かるのであれば、多少成約率が下がったとしても、礼金という形で大家の収益にした方が良いと思うからです。

敷金を預かっていても、預かっていなくても、正当な理由があれば、退去時に原状回復費の請求は行うのですから、個人的には、そもそもの物件価格が低いボロ物件では特に敷金を預かることは意味がないように感じています。

中には、「敷金の償却」を礼金代わりに設定されている大家さんもいると思いますが、個人的には、あまりおすすめできないやり方です。

過去の最高裁判決で、敷金の償却分について、「一定の条件下で有効」との判断が下されてはいますが、退去時に原状回復費が発生した場合、そもそも敷金ですから、償却より優先して原状回復費に充当する必要があり、われわれ大家にとっては不利です。

③「初期費用定額パック」キャンペーンを行う

「初期費用定額パック」とは、「入居者さんが支払う初期費用を予め定額にしてしまおう」という取り組みです。

入居希望者さんにとっては、最初に必要な費用が決まっているため安心感を得られるというメリットがあり、営業マンさんにとっては、物件を案内することができる入居希望者さんの層が広がるというメリットがあります。

この初期費用には、

・敷金
・礼金

・仲介手数料（本来入居者さんが仲介さんへ支払うもの。共益費等は除く家賃相当額）
・保証料（保証会社に支払う保証料を初回分のみ）
・入居者総合保険料（最初の1年分、約8千円のみ。2年目以降分は保険会社さんから入居者さんへ直接請求）

が含まれます。私の場合、お家賃はこれとは別にいただきます。

設定する金額については、賃料の1カ月分程度が適当です。

私は保証会社をできるだけ使用しない方針ですので、「初期費用1カ月パック」の料金を合計しても、一般的な「敷金礼金ゼロ」プランと変わらない金額に収まるケースがほとんどです。

「敷金ゼロ・礼金2カ月」の条件で2カ月以上成約しない物件や、空室数が多く通常より強い入居促進効果を得たい場合などは、このプランを選択すると良いと思います。

④広告料を支払う

広告料についての説明は不要でしょう。ここでは、「どのように広告料を支払えばより効果的か」ということについて説明します。

方法は簡単です。まず、営業マンさんへ「他の大家さんは平均何カ月分の広告料を支払っていますか？」と聞いてみます。

地方の場合（札幌等の激戦地を除く）、たいてい0・5カ月分～2カ月分くらいというケースが多いと思います。

次に、「私の物件を最優先で扱っていただくには何カ月分お支払いすればいいですか？」と聞いてみます。

すると、「3カ月分いただければ最優先で動きます」などと具体的な返答を得られると思います。

ポイントは、ここでヒアリングした金額ですぐ決定するのではなく、「変な話ですが、個人広告料と店舗広告料はどのように按分させていただけばいいですか？」と打診してみることです。

そうすれば、「個人広告料をいただけるんですか!?　ありがとうございます。広告費は最低0・5カ月分いただければ問題ありませんので、それ以外にいくらか個人的にいただけるとありがたいです」という感じで話が進んでいくと思います。

広告料のトータル金額は、募集をお願いしている物件の競争力などに応じてケースバイケースで判断してください。

場合によっては、個人広告料を支払うことを条件に、全体の金額を抑制することも可能だと思います。

これ以外に、「礼金連動型広告料」を導入する方法もあります。

「礼金連動型広告料」とは、入居者さんからいただけた礼金分をそのまま広告料として仲介さんへ支払うというやり方です。

大家にとっては、「自分の持ち出しを抑制できる」というメリットがあり、営業マンさんにとっては、「あともう少し礼金が安ければ入居を決められるのに」というような場合に、大家に断らず仲介店舗内の裁量だけで礼金を下げられるというメリットがあります。

ただし、この方法は、ある程度の関係性ができている仲介さんに限定して実施する方が無難です。多くの広告料を得るために、「満額の礼金を支払える入居者さんが現れるまでこの物件は紹介しないでおこう」と考える仲介営業マンがいてもおかしくはないからです。

⑤携帯電話を常時持ち歩く

営業マンさんから電話がかかってきたとき、すぐに出られない大家さんが意外と多いようです。

営業マンさんが物件を案内中、「あと千円値引きしてくれたら入居したい」「ウォシュレットを付けてくれたら入居します」といった条件交渉が入ったとします。

そんなとき、現地から携帯ですぐに連絡がついて、その場ですぐに決済が取れる大家さんは、営業マンさんに喜ばれます。

逆にいうと、電話してもいつも留守電だったり、すぐに折り返しがない大家さんの場合、チャンスを逃しやすくなると同時に、仲介営業マンさんからも、「返事が遅くて入居者さんとのやり取りの際に不便な大家さん」、と思われてしまうことになるのです。

営業マンさんと大家がスムーズに連携できていないと、どんどん成約率が下がっていってしまいますので、携帯電話にはすぐに出られる体制を作っておくようにしましょう。

どうしてもそれが無理な場合には、ご家族などに昼間の応対をお願いする等の対策を講じることが必要でしょう。

⑥裁量権を渡しておく

とはいえ、「いつも携帯電話に出られる環境ではない」という大家さんもいます。

そんな場合は、営業マンさんに予め「裁量」を渡しておくといいでしょう。

「裁量」とは、例えば、入居希望者さんから家賃の減額交渉が入った場合、大家に連絡しなくても「最大2千円までは値引きに応じても良い」とか、「5万円までの設備については大家への確認不要で付けても良い」といった権限を予め渡しておくということです。

3 空室が埋まらない理由を具体的な数字に基づいて分析する

不動産投資を行う上で、入居率を100%に近づける努力は欠かせません。

そこで、私が実践している効果的な空室募集の方法をお伝えします
退去に伴う通常の入れ替えの際の募集ではなく、ずっと募集をかけているにもかかわらず、空室が1カ月以上発生した場合の対策です。

まず、「なぜ入居者が決まらないのか?」の原因を特定します。

最初は、入居者募集をお願いしている仲介会社さんに、率直にアドバイスを求めましょう。その際、次の点について確認することをおすすめします。

①どのメディアに募集広告を出しているか?

②そのメディアの反響は？
③店舗への来店数は？
④物件の内見数は？
⑤物件を見た方が申し込まなかった理由は？

①どのメディアに募集広告を出しているか？

通常、大家が入居者募集について賃貸仲介さんへ依頼すると、担当の営業マンさんが自社のサイトや、アットホーム・HOME'S・SUUMO（スーモ）・CHINTAI等のサイトに物件情報を掲載してくれます。

まずは、自分の物件がこれらのサイトにちゃんと掲載されているか確認しましょう。

入居希望者の90％以上がネットで物件を探している中で、このような代表的なサイトに自分の物件が紹介されていないのは致命傷になります。

掲載されていない場合は、すぐに営業マンさんへ連絡を取り、「サイトへ募集広告の掲載をお願いします」と依頼してください。

次に、「仲介会社さんの店舗に自分の物件のチラシが貼りだされているか？」を確認します。

もし、自分の物件が店舗内の目立つ位置に貼りだされていない場合、その物件が、「営業マンが決めたい物件」になっていない可能性が考えられます。

その場合は率直に「自分の物件を優先的に決めていただくにはどうすれば良いですか？」と聞いてみましょう。

そうすれば、「家賃を下げてください」「広告料をくださいい」「○○の設備を新しくしてください」といった具体的な返答が得られるはずです。

ただし、その返事を100パーセント鵜呑みにするかどうかは、また別の問題です。アドバイスはありがたく頂戴しつつ、常に自分自身の頭でも対策を検討していきます。

②そのメディアの反響は？

「どのメディアに自分の物件の募集広告を出しているか？」がわかったら、今度は、「そのメディアからの反響はどうか？」を担当の営業マンさんに確認します。

例えば、「スーモに掲載してもらっている僕の物件ですが、今週のページビューはどのくらいですか？」などと聞いてみて下さい。

すると、「今週は128人が閲覧しました」というような返答があるはずです。

ページビューの数字だけを聞いても、その数字が多いか少ないかがわかりませんので、「同一エリア内の競合物件と比較して多いか少ないか」についても確認しましょう。

ヒアリングの結果、明らかにページビューが少なければ、募集広告の内容に問題があると考えられます。

ページビューが少ないときは、下記の点を確認すると良いでしょう。

a　賃料・共益費・敷金・礼金に競争力はあるか？
b　写真は掲載されているか？「住みたい！」と感じる写真か？
c　検索条件は正しく設定されているか？
d　「備考」「その他」「アピール」欄で物件の魅力を伝えられているか？

a、賃料・共益費・敷金・礼金に競争力はあるか？

空室が長引いたときはまず、募集条件が周辺エリアのよく似た間取り・築年数・設備の競合物件と比較して自分の物件の募集条件が「適切な範囲内」に収まっているかを確認しましょう。

超低価格物件の多い地方では、家賃に高いお金を支払う層は多くないのが一般的です。

どんなに良い物件でも、家賃相場より高ければ、入居は決まりにくくなります。
逆に、家賃設定さえ間違わなければ、入居者の確保はそう難しくはありません。

賃料が適正な範囲内に収まっているという前提で、サイト内の注目度を上げるためのテクニックをお伝えします。

ほとんどの検索サイトでは5千円区切りで家賃条件を検索できます。そのため、例えば3万円前後の賃料を設定したい場合、「3万1千円」よりも「2万9千円」とした方が多くの人の目に触れます。

3万1千円と設定すると、「2万5千円〜3万円」で検索している入居希望者さんに、自分の物件が認識されません。

この考え方は家賃だけではなく、他のすべての項目にも当てはまります。検索サイトの「よく見られる物件」に自分の物件を最適化していくことが、入居付けの勝敗を分ける鍵なのです。

b、写真は掲載されているか？「住みたい！」と感じる写真か？

人の脳は、文字より先に写真などの画像を認識します。

いくら魅力的な条件を文字として検索サイトに掲載しても、その横に表示されている物件写真の印象が悪いと、成約率も下がってしまいます。もちろん、検索サイトに用意されている写真欄を空白のまま空けておくことは論外です。

サイトに掲載する写真の撮影や選定は、ほとんどの大家さんが仲介の担当さんに任せきりだと思います。しかし、そこで手を抜かず、自分で撮影した写真を仲介さんへ提供することをおすすめします。

外観の写真は、晴れの日の午後に、植栽や青い空が写り込むように撮影すると、住環境の良さをアピールできます。

また、斜め方向から構図を決めると広がり感が出て、更に印象が良くなるでしょう。

仲介さんによっては、競合店と同じ写真を使用することを嫌がりますので、パターンの違う写真をいくつか用意して、それぞれの仲介さんへ提供します。

もしくは、先ほどの注意点を伝えた上で、各営業マンさんに撮影してもらうのも良いでしょう。

c、検索条件は正しく設定されているか？

サイト上では単純なミスも、防がなければいけません。例えば、バイク置き場があるのに、検索サイトで「バイク置き場あり」の項目にチェックを入れ忘れてしまうと、「バイク置き場あり」で検索している入居希望者さんを逃すことになります。

私の経験上、多忙な営業マンさんに入力をまかせておくと、1カ所や2カ所の間違いは必ずあるものです。

また、「通常は礼金が必要だけれども、毎月の賃料を上乗せする場合は初期費用を免除する」というような特例がある場合は、両方のパターンをサイトに掲載してもらうようにすると更に露出度が高まります。

d、「備考」「その他」「アピール」欄で物件の魅力を伝えられているか？

ほとんどのサイトには、フリーワードを入力できる項目がありますので、そこに、

「フローリング・クロス新品です！」

「シャンプードレッサー導入済み！」

「温水洗浄便座導入済み！」

「割安なＬＰガスでお財布にやさしい賃貸ライフをどうぞ！」

などと、何でもいいので物件のＰＲ文を掲載しましょう。

客観的に募集広告を見ると、なぜか備考欄が空白というケースが多く見られます。とてももったいないと思います。

ちなみに、私の場合、ＬＰガス会社さんに無償で提供していただいているサービスを次のように宣伝しています。

「室内定期クリーニングサービス付きアパート！」

「お酒、お米、野菜配達無料。お買い物代行サービス付きアパート！」

「エアコンクリーニング何度でも無料サービス付きアパート！」

これらのキーワードは、予めテキストファイルで用意し、各営業マンさんへメールで提供しておくと良いでしょう。ある営業マンさんに聞いた話では、私の物件をネットに掲載すると、

「定期クリーニングサービスってどんな内容ですか？」

といった問い合わせが毎回入るそうです。それほど、入居希望者さんはこの項目を見ているということですので、是非記入してください。

③店舗への来店数は？

「募集広告を出しているメディアの反響」がわかったら、今度は「店舗への来店数」を営業マンさんへ確認します。

「うちの物件を指名して来店された入居希望者さんは、今週は何人いましたか？」という形で、担当の営業マンさんに聞いてみましょう。

賃貸仲介さんの店舗では、私たち大家が想像している以上にシステマチックに情報管理がなされています。ですから、この数字もすぐに出してもらえるはずです。

同一エリア内の競合物件や過去の同時期のデータから判断して来店数が少なければ、募集広告に問題がある可能性が高いといえます。

その場合は、ここまでの対策を参考に、募集広告の見直しをしてみてください。

④物件の内見数は？

「物件の内見数」とは、実際に入居希望者さんが物件を見学した数のことです。

通常、入居希望者さんが賃貸仲介の店舗へ来店した場合、まずは、店頭で営業マンさんと打ち合わせを行い、物件を3～5軒くらいに絞り込んだ上で、営業マンさんの運転する営業車で、順に見学に向かいます。

「物件の内見数」が少ない場合は、入居希望者さんが店舗にやってきてから、物件見学に出かけるまでの打ち合わせ段階に問題があるのかもしれません。

その場合は、更に次の2点について、営業マンさんに確認してください。


a、入居希望者に対して、自分の物件を見学に行くよう提案したか?

b、「自分の物件を見学しよう」という提案に対しての、入居希望者の反応は?

a、入居希望者に対して、自分の物件を見学に行くよう提案したか?

部屋探しのために不動産屋さんを訪れる方は、サイト等であらかじめ目当ての物件を決めて、「この物件を見せてください」という人ばかりではありません。

目当ての物件が決まっていない人に対して、「自分の物件を見学してもらえるかどうか」は、営業マンのトークにかかっているとも言えます。

ですから、「入居希望者に対して、自分の物件を見学に行くよう提案してくれたか?」を営業マンさんに確認することは、とても大切といえます。

「はい。皆さんに提案していますよ」

という返答があれば問題はありませんが、もし、そうでなかった場合は対応が必要です。

まず、「なぜすすめなかったのか?」を率直に聞いてみて下さい。

営業マンさんの口からは、

「今回は、入居希望者さんの条件に合わなかったのでご紹介しませんでした」

「最近、入居希望者さんが少なくて・・」

などと、当たり障りのない答えが返ってくると思います。しかし、そこは深読みをしなければいけません。


もしかすると、競合エリア内に、自分より多く広告料を出している大家さんがいるため、店舗としての「重点物件」になっていないのかもしれません。

賃貸仲介さんの店舗では、広告料の差等により、店舗として入居付けを行う際の優先順位が綿密に決められているケースが多いようです。

例えば、毎朝の朝礼で、

「今週の重点物件は広告料▲カ月の●●マンションと、■■アパートです。各営業マンは優先的に最低1室は入居付けをお願いします」

などと、店長クラスの管理職の人が、各営業マンに指示を行っているのかもしれません。

重要なことは、こうした賃貸営業マンさんの事情を把握した上で、自分の物件を「店舗としての重点物件」&「営業マン個人として決めたい物件」の両方に位置付けてもらうためにはどうすれば良いか？　と考えることです。

常にその視点を持ちつつ、担当営業マンさんとコミュニケーションを図ることが大切です。

b、「自分の物件を見学しよう」という提案に対しての、入居希望者の反応は？

「私は入居希望者さんに物件見学をすすめたのですが、断られてしまいました」

という返事が返ってきたときは、その理由を必ず営業マンさんに聞いて下さい。

「会社から遠いから」

「明らかに、家賃が予算を超えているから」

という場合は、仕方ないといえますが、

「特に悪い点はなかったのだけれども、なんとなくピンとこなかった」

というようなケースは見過ごせません。

特に悪い点はなかったということは、ちょっとした「写真の見せ方」や、物件の「アピールの仕方」がよければ、入居を決められたかもしれないのです。

この場合には、ここまでの対策を参考に再度、募集広告の中身を検討すると良いでしょう。

⑤申し込まなかった理由は？

①〜④までの努力を重ね、入居希望者さんの見学まで持ちこんだのに、あいにく「申し込み」に至らなかったという場合、必ず営業マンさんに「その理由」を確認します。

「水回りの設備が想像より古かったから」
「室内の印象が良くなかったから」
「駐車場の出し入れが難しそうだったから」
「共用部が汚れており管理が行き届いていない印象だったから」

というように、具体的な返答を得られるはずです。

ここで得られた「入居者の声」を精査し、コストや手間を考慮しながら、効果的なものから順に改善していくことが、長期的な視点で物件の入居率を上げていくための一番の近道です。

例えば、

「水回りの設備が想像より古かったから」

ということであれば、台所や浴室の水栓を、高級感のあるステンレス製のワンレバー式のものに変更（工賃込1万円〜2万円くらい）したり、既存の流し台や洗面台の扉面にカッティングシートを施工（工賃込2万円〜3万円くらい）したりという対策が考えられます。

また、洗面台が古いタイプのものであれば、幅広タイプ（750ミリ以上）でシャワーヘッド付きのものに変更（工賃込4万円～5万円くらい）するだけでも劇的に印象が変わります。

投資用不動産を購入・所有するということは、事業者として主体的に「事業」を行うということです。

「管理会社さんがいるから、すべて任せている」

「賃料補償があるから何もすることはない」

などと考えずに、入居希望者さんの動向を把握し、入居率を100％に近づけていってください。「利回り」の高い物件を購入することと同じくらい、所有物件の入居率を高めることも重要なことなのです。

あとがき

不動産投資ブームといわれてもう10年以上が経ちます。

その中でも、ここ数年は融資が引きやすいという背景から、多くの初心者が流入した様子です。

しかし、彼らのうち、何割が10年後に笑っていられるかは、誰にもわかりません。「ただ物件を買うだけ」で、成功できる時代は終わっているからです。

これからは、不動産投資で大きく資産を増やす人と、そうでない人の差が大きく広がる時代になると思います。

そして、不動産投資で成功するために大切なのが、正しい情報、有利な情報を、いかにキャッチできるかであると、私は考えます。

「不動産投資とは、土地や建物を扱う仕事ではなく、「情報」を扱う仕事である」と、私はかねてから感じています。

不動産投資家は、土地や建物を購入し、リフォームを行って入居者様へお貸しします。

ですから表面的には土地や建物を扱っているようにも見えます。

しかし、本当のところ、我々が大切にしなければならないのは「情報」です。更に言えば、「有用な情報」です。

「利回り＊＊％のアパートが＊＊町で売りに出ていますよ」
「安くて腕の良い職人さんが＊＊にいますよ」
「＊＊アパートの＊＊＊号室に入居を希望している方が＊＊＊にいますよ」

といった生きた情報をいかに多く、継続的に得られるかということが、不動産投資家として成功できるか否かを左右するのです。

よく大家初心者の方に、
「脇田さんは、どのようにして〝有用な情報〟を得ているのですか？」
と聞かれますが、私はいつも次のように答えています。

「情報を持っているのは人です。ですから、なるべく多くの人と接点を持つようにしています。人が、自分のアンテナとしての役割を果たしてくれるのです」

例えば、ネットで見つけた物件を、実際に現地で営業マンさんに案内してもらったら、必ず、その後、営業マンさんを食事にお誘いする。お酒も楽しく飲む。

何度かそうしたことを繰り返していくと、不動産の話だけでなく、その人の趣味や、将来の夢・計画などについて話ができるような関係に自然となっていきます。

その際、ただ話しをするだけではなく、

「どうすれば、具体的に相手の役に立つことが出来るか？」

と考えることが大切です。

また、売買仲介さんが、

「そろそろ、独立して自分で不動産会社をはじめようと考えているんです」

と話していたら、

「自分に何か協力できることはないか？」

という視点で、一緒に相手と悩みます。そうすると、例えば、

「＊＊不動産の＊＊さんもそろそろ独立したいと言っていたな」

「今度、＊＊さんに、＊＊さんを紹介してみようかな」

と、いった具合に、自分の人脈が相手の役に立つこともあるかもしれません。

あるいは単純に、自分の物件の管理をその方の新しい会社に切り替えることで、わずか

でも金銭的に応援することができるかもしれないのです。

せっかく現地の不動産屋さんと知り合うきっかけを得たのですから、その場限りで終わってしまうのはどう考えてももったいないといえます。

営業マンさんにとって自分が、「大勢いる投資家の中の一人」から、「仕事という枠を超えた友達のような親しい存在」になれるように濃い関係を構築する。こうした姿勢・取り組みが、結果的に多くの有用な情報を集めることにつながっていくのです。

繰り返しになりますが、重要なことは自分の人脈・情報・お金・・・、あらゆる能力を駆使して、相手の役にたとうと努力することです。そうすれば必ず、相手も自分のために動いてくれるはずです。

自分だけ良ければそれで良いというような考えは捨て、

「営業マンさんや職人さん達と、WIN－WINの関係になるためにはどうすればよいか？」

「持続的に、相手と良い関係を保ち続けるにはどうすればいいか？」

を第一に考え、実践していくことなのです。

今の時代、その気になれば、インターネットだけで不動産投資を行うことも可能です。検索サイトを見れば、全国、津々浦々の物件を簡単に一覧することができます。本当に、ワンクリックで何百・何千という物件を調査できます。

リフォームの見積もりや入居者付けの依頼も、メールだけで済ませられます。

しかし、本当に「有用な情報」を持っているのは「人」です。

お金を貯めることも、本を読んで勉強することも大切です。しかし、最後は「人」とのつながりが物を言うことを、ぜひ覚えておいてほしいと思います。

そして、不動産投資を通じて、お金を増やすと同時に、人間的にも成長していけたら、それは素晴らしいことだと思います（私もそのことを心がけています）。

最後に、私が不動産投資を始めるきっかけとなったエクシードエックスを主催してくださったさくら事務所の長嶋修様・大西倫加様、健美家のコラムを通して、多くの方々と知り合う機会を下さった健美家の萩原知章様、皆様のおかげで今の自分があります。対面では恥ずかしくてお伝えできませんので、この場を借りてこっそりとお礼申し上げます。本当にありがとうございます。

また、９冊目となる本書の出版の機会を頂きました、ごま書房新社の大熊様、これまで継続してお世話になりましたライターの加藤浩子様にもお礼申し上げます。

本書が、従来の不動産投資の枠組みを超えて、積極的にリスクと闘う、多くの不動産投資家の皆様のお役に、少しでも立つことを願っております。

脇田　雄太

２０１８年１月吉日

【合意管轄裁判所】 ☑ ← 内容をご理解いただけましたらボールペン等でチェックを付けてください

・本賃貸契約に関する紛争については、大阪地方裁判所を第一審の専属的合意管轄裁判所とすることに貸主・借主ともに合意する。

特約事項の最後に、下記のような文を挿入し、入居者本人と連帯保証人の署名捺印を仲介さんにお願いし、取得しておいてください。

私は、上記特約事項の内容について充分に理解・納得しました。
※上記チェックボックスに記入が無い場合、下記署名をもって全条項に同意されたものとみなします。

契約者(自署)： 実印
※印鑑証明書と身分証明書を添付してください

連帯保証人(自署)： 実印
※印鑑証明書と身分証明書を添付してください

いかがでしたか。あなたの見落としていた特約事項はありましたか？
それでは、このワッキーオリジナル『特約事項』を上手に活用して、あなたの不動産投資ライフが成功することを心より願っております。

※本付録の内容をネット等へ転載や、第3者への提供はお控えください。あくまで、本書の読者の方に範囲を限定した付録であるということをご理解ください。また、本特約事項を使用したことにより生じた損害等に対して、当方は一切の責任を負いません。使用者本人の責任においてご利用ください。

巻末付録

―このページよりレイアウトが逆になっています―

脇田雄太オリジナル『特約事項』
はP212よりご参照ください。

【退去時原状回復義務】☑ ← 内容をご理解いただけましたらボールペン等でチェックを付けてください

・退去の際は、貸主指定の業者において室内清掃、庭の除草（1階のみ）、鍵の交換を実施するものとし、その費用は、契約終了日から10日以内に借主が貸主に対して支払うものとする。

【解約予告】☑ ← 内容をご理解いただけましたらボールペン等でチェックを付けてください

・解約の意思表示は、借主が貸主へ「解約する旨の文書（体裁自由）を郵送する」方法で行うこととする。

※郵便の不着事故を防ぐため、簡易書留等を利用されることを強くお勧めします。またトラブル防止のため電話による到着確認を行っていただくことを強くお勧めします。

・解約日は上記「郵便物」消印の日付が属する月の翌々月末日とする。

※駐車場のみ解約の場合も含む。
※駐車場を解約する場合、結果的に、駐車場の解約日がお部屋の解約日から100日以内となる場合、駐車場のみを先行して解約することはできません。
※生活実態の有無、退去理由の如何を問わず、契約終了日までは賃料が発生します。
※例えば、4月10日入居で、2週間後の4月24日付の消印で解約の申し出を借主が貸主に対して行った場合、6月末日までの賃料支払い義務が発生します。
※賃料・公共料金等の滞納がある場合は、滞納分の支払いが完了するまで本賃貸借契約を終了することはできません。（但し、貸主が認めた場合は例外とする）

【短期解約違約金】☑ ← 内容をご理解いただけましたらボールペン等でチェックを付けてください

・本物件の賃料は借主が長期間の入居を約束することを前提に低く設定しているため、万が一、借主都合により本契約及び更新契約を終了する場合は以下の短期解約違約金を借主は貸主へ契約終了日から10日以内に支払うものとする。

※短期解約違約金
①初回賃料発生日より3ヶ月以内の解約：賃料の6ヶ月分
②初回賃料発生日より6ヶ月以内の解約：賃料の5ヶ月分
③初回賃料発生日より1年以内の解約：賃料の4.5ヶ月分
④初回賃料発生日より1年6ヶ月以内の解約：賃料の4ヶ月分
⑤初回賃料発生日より2年以内の解約：賃料の3.5ヶ月分
⑥初回賃料発生日より2年6ヶ月以内の解約：賃料の3ヶ月分
⑦初回賃料発生日より3年以内の解約：賃料の2.5ヶ月分
⑧初回賃料発生日より3年6ヶ月以内の解約：賃料の2ヶ月分
⑨初回賃料発生日より4年以内の解約：賃料の1.5ヶ月分
⑩初回賃料発生日より4年6ヶ月以内の解約：賃料の1ヶ月分
※例えば、4月10日入居で、2週間後の4月24日に退去の申し出を借主が貸主に対して行った場合、別条項【解約予告】の規定により契約終了日は6月末日となりますから、上記①に該当することとなり、賃料6ヶ月分の短期解約違約金支払い義務が借主に発生します。また、契約終了日までの賃料支払い義務も合わせて生じます。
※別条項【賃料の支払い】の規定により、定められた期日までに賃料の支払いがなされなかった場合、当該月1ヶ月分は短期解約違約金の減算対象期間に含めないものとする。
※例えば、4月10日に初回賃料が発生し、同年5月分と6月分の賃料の振込がそれぞれ3日遅延した場合、上記①の対象期間は、本来の「4月10日～7月10日」から、「4月10日～9月10日」へと2ヶ月分延長されます。また②以降もそれぞれ延長されます。
※上記「借主都合」には、家賃滞納、迷惑行為等の理由により、貸主から借主に対して退去の要請を行った場合も含みます。

【喫煙禁止】 ☑ ← 内容をご理解いただけましたらボールペン等でチェックを付けてください

・本物件室内及び共用部は禁煙とする。本物件は禁煙であることを前提に賃料及び初期費用を低く設定しているため、退去時にタバコのヤニ等による汚損が認められた場合、その修繕費用は借主が負担するものとする。

【迷惑駐車禁止】 ☑ ← 内容をご理解いただけましたらボールペン等でチェックを付けてください

・本物件敷地内、敷地近隣における迷惑駐車は固くお断りしております。万が一、契約者及び契約者宅への来客等により、敷地内、敷地近隣において迷惑駐車があった場合は、1回につき1万円の迷惑料を貸主へ支払うことに予め同意する。

【迷惑行為禁止】 ☑ ← 内容をご理解いただけましたらボールペン等でチェックを付けてください

・本物件室内及び共用部・駐車場等敷地内での迷惑行為（お子さんのボール遊び等の遊戯全般・集会、大声での談笑等）は一切お断りしております。
迷惑行為があったことが判明した場合、その迷惑行為によって生じた損害を回復するための費用、及び1回につき1万円の迷惑料を貸主へ支払うことに予め同意する。

【ゴミ出し】 ☑ ← 内容をご理解いただけましたらボールペン等でチェックを付けてください

・本物件での生活にあたっては、物件所在の地方自治体規定のゴミ出しルールを遵守することとする。
分別の不徹底や粗大ゴミ等の不法投棄等を借主が行った場合、損害額を実費請求するとともに、借主は、1回につき3,000円（分別不徹底）、50,000円（不法投棄）の迷惑料を貸主へ支払うことに予め同意する。

※「不法投棄」とは、市役所や廃棄物回収業者等へ回収の申し込みを行うべきものを、当物件敷地内（賃借中の駐車場区画内も含む）に24時間以上無断で放置した状態と定義する。

【善管注意義務】 ☑ ← 内容をご理解いただけましたらボールペン等でチェックを付けてください

・借主は本物件での生活に当たって、建物の環境維持のため「一般的な生活者に求められる程度の注意を払う」義務を負う。
「一般的な生活者に求められる程度の注意を払う」とは、「湿気による窓枠・畳・設備機器の劣化」「髪の毛・食品クズによる配水管の詰まり」「結露による窓ガラスの破損」を予防すること等である。

また、1階については庭の除草についても定期的に借主において実施するものとする。

万が一、この注意義務に違反する汚損が認められた場合、その修繕費用は借主が負担するものとする。

・鍵の紛失時は貸主指定業者にてシリンダー交換を行い、その費用は借主負担とする。その際は貸主にマスターキー1本を預け入れるものとする。

※日々の換気不足や結露の放置等が原因の、湿気等による窓枠や敷居等の木材の汚損・カビの発生、室内ドアや下駄箱等の化粧シールのめくれは上記注意義務違反にあたります。

【賃料改定】 ☑ ← 内容をご理解いただけましたらボールペン等でチェックを付けてください

・急激な物価上昇時（年率換算2%以上）に年率換算変動率に合わせて家賃改定可能とする。

【水道料金の支払い】 ☑ ← 内容をご理解いただけましたらボールペン等でチェックを付けてください

・当物件の水道は集合メーター方式のため、借主の使用水量及び使用設備に応じた金額を2ヶ月に一度、貸主に対して支払うものとする。

※奇数月中旬に、水道料金明細を共用ポストへ投函しますので、次の賃料入金時に合わせてご入金ください。

【駐輪場使用料】 ☑ ← 内容をご理解いただけましたらボールペン等でチェックを付けてください

・駐輪料金として、自転車1台につき500円／月、バイク・原付1台に付き1000円／月を賃料と合わせ貸主に対して支払うものとする。
また、貸主が指定する駐輪シールを車体に貼り付けるものとする。

※二輪車を駐輪される場合は、定められた区画内へ駐輪してください。指定の区画以外への駐輪は出来ません。
※「駐輪許可シール」の掲示がない状態で3日以上当物件敷地内に二輪車を放置された場合、所有権を放棄したものとみなされます。
また、この場合、別条項【ゴミ出し】規定の通り、処分費・迷惑料等を請求される場合があります。

【CATV利用料】 ☑ ← 内容をご理解いただけましたらボールペン等でチェックを付けてください

・テレビ共聴設備（地上波）利用料として毎月500円を、賃料と合わせ貸主に対して支払うものとする。

【車庫証明発行手数料】 ☑ ← 内容をご理解いただけましたらボールペン等でチェックを付けてください

・借主は、当物件駐車場において車庫証明を取得する場合、車庫証明発行手数料として1万円を貸主に対して支払うものとする。
なお、車庫証明発行時は、半年分の駐車場料金を一括納付するものとし、当該分の解約・返金等は理由を問わず不可とする。

※例えば、駐車場契約の翌日というような短期で当該契約が解除となった場合でも、理由の如何を問わず、半年分の駐車場料金は返金されません。

【延滞金】 ☑ ← 内容をご理解いただけましたらボールペン等でチェックを付けてください

・借主は、賃料・共益費その他、貸主に対する債務の支払いを怠ったときは、支払期日の翌日から支払いの日まで年14.6%の割合による遅延損害金と、1ヶ月あたり5000円の督促事務手数料を支払わなければならない。

【保証会社加入義務】 ☑ ← 内容をご理解いただけましたらボールペン等でチェックを付けてください

・当物件への入居にあたっては、保証会社と保証契約を締結することを条件とする。ただし、借主が希望し、かつ貸主が承諾した場合、賃料1ヶ月分を礼金として別途支払うことで保証会社による保証（更新保証契約を含む）を免除する。

【連帯保証人】 ☑ ← 内容をご理解いただけましたらボールペン等でチェックを付けてください

・当物件への入居にあたっては、前項の保証会社による保証に加え、別生計の連帯保証人を最低1名設定することを入居の条件とする。
ただし、借主が希望し、かつ貸主が承諾した場合、礼金を3ヶ月分増額することで連帯保証人1名の設定を免除する。

【連絡先届け出義務】 ☑ ← 内容をご理解いただけましたらボールペン等でチェックを付けてください

・当物件への入居にあたっては、貸主が必要とする際、入居者本人・連帯保証人とスムーズに連絡が取れるよう、常に最新の携帯電話番号・固定電話番号・メールアドレスを貸主に対して届け出る義務を借主及び連帯保証人は負うものとする。

※携帯電話や固定電話の番号・メールアドレスを変更された場合は、すみやかに貸主へご連絡ください。

【個人情報の提供に関する事前承諾】 ☑ ← 内容をご理解いただけましたらボールペン等でチェックを付けてください

・当物件の管理に関する業務を遂行する目的に限って、入居者の氏名・電話番号等の個人情報を、リフォーム会社・不動産管理会社等と共有する場合があることに予め同意するものとする。

※例えば、入居期間中に水漏れトラブル発生の連絡を貸主が受けた場合、貸主は借主の承諾をその都度得ることなく水道修理業者等へ借主の氏名・電話番号等の情報を提供します。

【現状有姿での賃貸であることの確認】 ☑ ← 内容をご理解いただけましたらボールペン等でチェックを付けてください

・当物件への入居にあたっては、借主は現状有姿での賃貸であることを予め認識し、賃貸借契約を締結するものとする。

※例えば、200V電源を必要とする「IHヒーター」「エアコン」を借主が設置希望の場合でも、建物の設備状況によっては導入できない場合もあります。

※例えば、携帯電話・PHS・各データ通信用電波が届くことを入居期間中貸主が借主に対して保証してはいません。

【賃料の支払い】 ☑ ← 内容をご理解いただけましたらボールペン等でチェックを付けてください

・当物件の賃料は当月分を前月25日までに、貸主が指定する口座へ振込みを行うことで支払うものとする（振込手数料等は借主負担）。
なお、25日が金融機関休業日の場合は、前営業日までに入金するものとする。

特約事項（ver.20130731）

「契約書本文」と「本特約事項」の内容が異なる場合は、「本特約事項」記載の内容を有効とする。

本物件の賃料は、本特約事項の内容にご同意いただくことを条件に、通常価格より低い価格で特別に提供するものです。

下記内容をご熟読いただき、ご理解・ご納得の上、署名・捺印をお願いいいたします。

本特約事項の内容について一部でもご納得いただけない場合は、通常料金（月額1万円増）によるご契約をお勧めいたします。

本特約事項における「賃料」とは、家賃、共益費、駐車場代、その他特約により支払うべき費用の合計を表します。

「敷金」と異なり、「礼金」は、いかなる場合も返金されません。

【火災報知機】 ☑ ← 内容をご理解いただけましたらボールペン等でチェックを付けてください

・火災報知機の電池交換は借主負担にて実施するものとする。

※室内に設置の火災報知機から「ピーピー」というアラーム音が鳴る場合は電池切れです。電池交換を行ってください。

【保険加入】 ☑ ← 内容をご理解いただけましたらボールペン等でチェックを付けてください

・本物件に入居の期間中、借主は指定の損害保険に加入することとする。
借主が損害保険の更新を怠った場合や、物件入居中に契約を解除した場合、貸主より契約の更新を拒絶される場合があることに予め同意するものとする。また貸主の求めがあった場合は保険証券のコピーを貸主に対して提出するものとする。

※損害保険は、万一の火災や漏水トラブルなどの際、借主の負担を軽減するのに役立ちますから、ご入居期間中は必ずご加入下さい。

【緊急24時間駆け付けサービス加入】 ☑ ← 内容をご理解いただけましたらボールペン等でチェックを付けてください

・本物件に入居の期間中は、指定の緊急24時間駆け付けサービスに加入するものとする。

※ご入居中の水漏れ、電気、ガスなど居室内での設備の問題時に夜間問わず緊急連絡頂ける会員サービスです。
【料金】2年契約：15750円

【備品貸与】 ☑ ← 内容をご理解いただけましたらボールペン等でチェックを付けてください

・室内に備品（照明器具、エアコン等）がある場合、その備品は貸主から借主への無償貸与品とし、故障時の修繕義務及び廃棄処分・家電リサイクルの費用について借主負担とする。

最新版

脇田雄太（ワッキー）オリジナル『特約事項』

これは私が実際に、入居者様との契約の際に使用している特約事項です。私の1冊目の著書に掲載した特約事項の年次改良版でもあります。

使い方としては、賃貸仲介さんへ、空室の募集をお願いする際、この特約事項を営業マンさんへ提供し、「賃貸契約書の最後に、この特約事項を挟み込んで、入居者さんと連帯保証人さんの署名・捺印を取得してください」とお願いするだけです。

嬉しいことに、私の著書（1冊目）の付録を見た方から、「コピーして使っています」というような声を多くいただきました。

もちろん、このまま使用するのではなく、オリジナルのやり方を加えるのも良いと思います。
ボロ物件投資をされる方は、ぜひ活用してみてください。

著者略歴

脇田 雄太（わきた ゆうた）

不動産投資家。脇田雄太事務所代表。1977年生まれ、大阪府出身、立命館大学政策科学部卒。在学中、通商産業省（現：経済産業省）、日本アイ・ビー・エム株式会社にてインターン後、新卒でリクルートグループ入社。在職中、大阪府下に中古マンション1棟を購入したのをきっかけに独立。2009年から「脇田雄太事務所」代表として活躍中。

投資規模としてはボロ戸建てを中心に、合計10棟50室超の投資用物件を取得、家賃年収は2000万円を超えている。

『日経マネー』『エコノミスト』などビジネス誌へのコメント実績多数、セミナー講師としても、全国賃貸住宅新聞社をはじめ多くのセミナーに招待され人気を博している。著書に『"99万円以下"の資金で儲けるボロ物件投資術！』『"ワッキー流"「200万円台」ボロ物件"連続投資"術！』（共にごま書房新社）ほか、計9冊執筆。

●脇田雄太事務所
公式ホームページ http://wakita.in
●脇田雄太のコラム
（国内最大級・不動産投資と収益物件の情報サイト『健美家』にて）
http://www.kenbiya.com/column/wakita

最新版
リスクと闘う不動産投資！

著　者　脇田 雄太
発行者　池田 雅行
発行所　株式会社 ごま書房新社
〒101-0031
東京都千代田区東神田1-5-5
マルキビル7階
TEL 03-3865-8641（代）
FAX 03-3865-8643
編集協力　加藤 浩子（オフィスキートス）
カバーデザイン　堀川 もと恵（@magimo創作所）
印刷・製本　東港出版印刷株式会社

ISBN978-4-341-08690-9 C0034

ごま書房新社の本

～初心者「1万人」から相談されるプロが答える「80」のQ&A～

最新版

サラリーマン大家さん “1棟目”の教科書

株式会社水戸大家さん代表
峯島 忠昭 著

著書累計9万部、年間150回セミナーをおこなう元サラリーマン著者！

初心者1万人からの相談を元に解説。

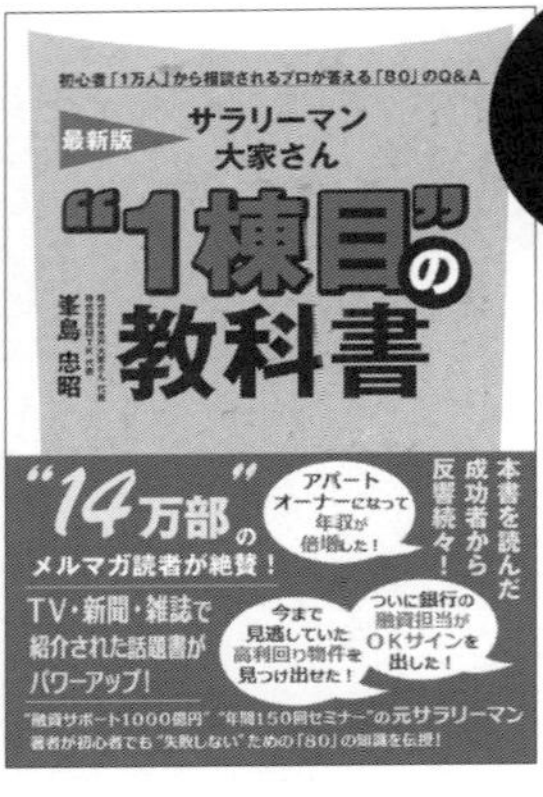

累計 2万部 突破！

【初心者でも“失敗しない”ための「80」の知識を伝授！】

ベストセラーの前著を読んだ成功者から反響続々！

「アパートオーナーになって年収が倍増した！」「ついに銀行の融資担当がOKサインを出した！」「今まで見逃していた高利回り物件を見つけ出せた！」

不動産投資をはじめて成功するまでのポイントがゼロからわかる必読書！


新章〈失敗回避〉「STEP1」準備・スタート編 第1章〈不動産投資市況〉 第2章〈投資手法〉「STEP2」購入編 第3章〈物件購入〉 第4章〈投資指標〉 第5章〈投資地域〉 第6章〈銀行融資〉 第7章〈物件調査・選定〉「STEP3」管理運営・空室対策編 第8章〈管理運営〉 第9章〈空室対策〉 第10章〈リスク・トラブル〉「STEP4」売却・拡大編 第11章〈売却〉第12章〈規模拡大〉 第13章〈法人化〉

本体1550円＋税 四六版 232頁 ISBN978-4-341-08687-9 C0034